María Adelina Codina Canet
Victor Manuel Codina Canet

Auditoría de información en la prevención de incendios forestales

María Adelina Codina Canet
Victor Manuel Codina Canet

Auditoría de información en la prevención de incendios forestales

Caso de estudio. La comarca de El Comtat
(Comunidad Valenciana)

Editorial Académica Española

Imprint

Any brand names and product names mentioned in this book are subject to trademark, brand or patent protection and are trademarks or registered trademarks of their respective holders. The use of brand names, product names, common names, trade names, product descriptions etc. even without a particular marking in this work is in no way to be construed to mean that such names may be regarded as unrestricted in respect of trademark and brand protection legislation and could thus be used by anyone.

Cover image: www.ingimage.com

Publisher:
Editorial Académica Española
is a trademark of
Dodo Books Indian Ocean Ltd. and OmniScriptum S.R.L publishing group

120 High Road, East Finchley, London, N2 9ED, United Kingdom
Str. Armeneasca 28/1, office 1, Chisinau MD-2012, Republic of Moldova, Europe
Managing Directors: Ieva Konstantinova, Victoria Ursu
info@omniscriptum.com

ISBN: 978-3-659-07069-3

Dedicamos este libro a todas las personas que viven para obtener un planeta Tierra sostenible, protegen la Biodiversidad de los ecosistemas y luchan por conseguir el respeto a los sistemas naturales.
A nuestras mascotas Gypsy y Lamia.
Mayo de 2015.

Fotografía cedida por Xavier García Laporta para esta publicación.

Agradecimientos:
Aportaciones de Alberto Solana Jefe de Sección de Prevención de Incendios Forestales y Enrique Boronat, Jefe Asistencia Plan de Vigilancia contra Incendios Forestales sobre series estadísticas facilitadas.
Aportaciones de los ayuntamientos de Alfafara, Beniarrés, Planes, Cocentaina, Quatretondeta, Benasau y LLosa de Ranes sobre planes de quema agrícola.Aportaciones de los agentes medioambientales y vigilantes forestales, coordinador y técnicos de comunicación por sus oportunas aclaraciones.

1

INDICE

PRESENTACIÓN 3

1. INTRODUCCIÓN.. 5

   1.1. Justificación para auditar la prevención de incendios forestales 6

2. METODOLOGIA y ESTRUCTURA 9

      Definición de indicadores 11
      Fuentes de información.. 12

3. DESCRIPCIÓN DEL ECOSISTEMA.. 14

      Datos sobre incendios forestales 17

4. CONTEXTO NORMATIVO 19

   4.1 Normativa Autonómica 19
      La Ley Forestal... 20
      El Plan de Vigilancia Preventiva 21

   4.2 Normativa Local... 22
      Plan Local de Quemas 23
      Procedimiento administrativo para la concesión de autorización 24
      Procedimiento de comunicación de las autorizaciones al Servicio de
      Vigilancia Preventiva 25

5. ANÁLISIS DEL FLUJO DE INFORMACIÓN 26

   5.1 Información: obligatoria y necesaria 27

   5.2 Actores.. 30
      Actores: Administración Autonómica el Servicio de Vigilancia Preventiva.. 31
      Actores: Administración Local 33

   5.3. Factores estructurales de la Comunicación.. 34
      Flujos y Circuitos de Información.. 34
      Soportes de la Información 38
      Tecnología de Información 42
      Plataforma tecnológica. Herramientas tecnológicas..................................... 42

   5.4 Resultados aplicados 47
      Transmisión de información eje 1 48
      Transmisión de información eje 2 51
      Transmisión de información eje 3 52

6. CONCLUSIONES GENERALES... 53

      Conclusiones del contexto normativo... 53
      Conclusiones del flujo de información 54

REFERENCIAS 57

LISTA DE FIGURAS, MAPAS Y CUADROS 60

ANEXOS 60

PRESENTACIÓN

Para empezar he de decir que, cuando me propusieron hacer el prólogo de este libro, me sorprendió gratamente descubrir que en él se realizaba una auditoría sobre el tratamiento de la información en la prevención de incendios forestales.

Cada vez somos más conscientes de los graves prejuicios que los incendios forestales generan sobre nuestro patrimonio natural, económico y social. En las diferentes conversaciones que he mantenido con María Adelina, reconocí y valoré su interés por encontrar posibles soluciones que contribuyeran a entender mejor la forma y manera de combatir los incendios forestales. Sé que ha sido un gran reto que la autora ha afrontado con ilusión y profesionalidad.

Al leer el borrador me di cuenta de lo novedoso del estudio, inexistente hasta el momento. El documento nos muestra la importancia del manejo de la información en el sector forestal y por ende, de la necesidad de una mejora en la coordinación de toma de decisiones en las políticas de prevención y extinción de incendios forestales.

Por ello, el presente estudio se centra en la problemática existente en los incendios forestales originados por negligencias en las quemas agrícolas, que suponen un 30% del total. Si bien la mayoría de estos incendios afectan a escasas hectáreas, en cada actuación se movilizan medios humanos y recursos materiales de los servicios de emergencias, con lo cual se genera un importante coste económico.

Al riesgo que supone el uso cultural del fuego en la agricultura, hay que añadir el continuo abandono de las zonas agrícolas y su posterior recolonización por vegetación natural-forestal.

Según los censos agrarios, entre los años 1962 y 2009 se han abandonado casi 150.000 hectáreas de cultivo, con lo cual, debido a la cada mayor continuidad de la masa vegetal, los incendios son cada vez de mayor envergadura y virulencia, incrementándose de manera notable el riesgo para las personas y los bienes. Lo explicado anteriormente junto con la orografía hace que en la Comunidad Valenciana tengamos un territorio con alto riesgo de incendio forestal.

La regulación del uso del fuego en quemas agrícolas mediante los planes locales de quemas ha demostrado su eficacia reduciendo el número de incendios y la simultaneidad de los mismos. Es cierto que con carácter general el agricultor está muy concienciado, que la inversión pública en las actuaciones preventivas en la Comunidad Valenciana se encuentra por encima de la media nacional y que la gestión del Plan de Vigilancia Preventiva es positiva, debido entre otras cosas a la profesionalidad de su personal.

No obstante, las decisiones que se han adoptado sobre el uso de fuego han sido básicamente restrictivas, como por ejemplo reduciendo considerablemente los periodos y los horarios de quema (cabe recordar los problemas que tenía el Servicio del Plan de Vigilancia Preventiva al principio de la implantación de los planes de quema para que el agricultor cumpliera con los horarios establecidos), habiéndose descargado en este sentido toda la responsabilidad de actuación sobre el agricultor.

En este sentido, la percepción del agricultor conforme al cumplimiento de las instrucciones técnicas, ha sido asumida más como una obligación que como una mejora que repercuta en toda la sociedad.

En una comarca como *El Comtat*, en la que los cultivos conviven con el medio natural, el agricultor ha venido siendo un elemento de ordenación y gestión del territorio. Y es importante que desde las administraciones se les dé el reconocimiento que merecen para que se les ayude en el uso cultural que hacen del fuego.

Y aquí es donde esta auditoría identifica la problemática y juega un papel importante ya que viene a indicarnos lo que de manera objetiva está ocurriendo actualmente.

La descripción realizada sobre los flujos de información nos ayuda a identificar los requerimientos, la información crítica y las barreras para mejorar los canales de información existentes.

Comparto la idea de la autora en cuanto al objeto de la investigación, persiguiendo este estudio ayudar en la toma de decisiones y ser una herramienta para la reflexión sobre la situación actual del tratamiento de la información.

Finalmente, no me queda otra que invitar a los lectores a adentrarse en el texto.

Javier Redomero Barco

Agente Medioambiental de la Generalitat Valenciana

1. INTRODUCCIÓN

El estudio que se presenta aplica las técnicas de auditoría de información para llevar a cabo una correcta gestión y uso de la información en la actuación de la prevención de incendios forestales, analiza el acceso a la información el entorno informativo y tecnológico en la ejecución de los Planes de vigilancia preventiva, particularmente la información conducente al control de quemas agrícolas en terrenos lindantes al bosque. La investigación está basada en la metodología de la auditoría de información, cuyo objetivo central es analizar el circuito de información, identificar la problemática y desarrollar estrategias de prevención de incendios por causa de quema agrícola en la comarca de El Comtat de Alicante. Por ser este un terreno con un bosque autóctono de sierras y un Parque Natural catalogado de especial protección coexistiendo con una arraigada agricultura de montaña que desarrolla con frecuencias quemas agrícolas.

Para ello, estudia las relaciones informativas establecidas en el circuito de información entre los diferentes agentes: servicios de prevención, ayuntamientos y agricultores (uso del masculino genérico).

A través del conocimiento del estado de la cuestión se estudian las características del circuito de información en relación al procedimiento administrativo y operativo reglamentado.

Los objetivos específicos para conseguirlo son:

-Describir el flujo de información que se establece para el control de quemas agrícolas en el Servicio de Vigilancia Preventiva de incendios forestales, localizados en la jurisdicción de la comarca de El Comtat.

-Identificación de soportes documentales de la información.

-Conocer el procedimiento en la concesión de autorización para ejercer estas actividades.

-Analizar el flujo de información y el procedimiento administrativo.

-Describir el procedimiento operativo del Servicio de Vigilancia Preventiva de incendios forestales en el control de quemas agrícolas autorizadas.

-Identificar las competencias de los ayuntamientos en el plan local de quemas.

- Aportar informaciones útiles e innovadoras que previa adaptación al modus operandi mejoren la eficiencia del Servicio de Vigilancia Preventiva.

-Finalmente describir el procedimiento administrativo y operativo, contextualizando los aspectos normativos y competencias jurisdiccionales, leyes y otras normas vinculantes de las Administraciones Públicas.

Con todo ello, se pretende contribuir a la mejora de los procesos de gestión documental y de comunicación entre las organizaciones, incrementando sus niveles de eficiencia y eficacia. Siguiendo a Gutiérrez (2003) la auditoria de información, al igual que otras herramientas administrativas y gerenciales, debe ser aplicada a los procesos relacionados con la gestión de documentos. Si se consiguen que los procesos llevados a cabo estratégicamente por la organización respondiendo a exigencias del entorno

Y satisfaciendo las expectativas de la organización, entonces se contribuirá a una reducción de costos de la organización y de la incertidumbre en la realización de las actividades.

1.1. Justificación para auditar la prevención de incendios forestales

Los ecosistemas del planeta se encuentran amenazados por la mano humana más que por cualquier otra de las especies que pueblan el planeta. Para protegernos de esta amenaza y a fin de aumentar la protección de los bosques, en particular de intensificar los esfuerzos para mantener y vigilar los ecosistemas forestales el Consejo de Europa, a través de sus leyes puso en marcha el programa de la Unión Europea sobre protección de los bosques que plantea como objetivos prioritarios:

-disminución del número de incendios en los bosques

-disminución de las superficies quemadas.

Las causas que los originan según el Área de Defensa Contra Incendios de la Dirección General para la Biodiversidad del Ministerio de Medio Ambiente se concentran en 6 orígenes:

1. Rayos: incendios iniciados por rayos fruto de tormentas eléctricas. Esta es la única causa natural de incendios en nuestro país.

2. Negligencias: incendios iniciados por accidentes, de forma involuntaria, en los que el causante incluso ha intentado apagarlo y al no lograrlo lo pone en conocimiento de la autoridad competente e incluso colabora en la extinción.

3. Intencionados: incendios iniciados de forma premeditada (el causante suele abandonar la zona sin avisar a la autoridad competente). Dentro de los intencionados están las motivaciones que los generaron en vez de causas.

4. Otras causas/accidentales: aquí se incluyen incendios generados por el ferrocarril, líneas eléctricas, motores y máquinas y maniobras militares, principalmente.

5. Incendio reproducido: un incendio que ya se dio por controlado vuelve a resurgir por una mala vigilancia o abandono del mismo por el personal de extinción antes de lo debido.

6. Causa desconocida: Resto de las causas o causas no determinadas.

Y entre las negligencias se encuentran los derivados de la ejecución de obras y trabajos que se realizan en terrenos forestales o sus alrededores y especialmente los derivados de las quemas agrícolas.

La estadística muestra que uno de cada tres incendios forestales producidos es por negligencias y las quemas agrícolas son la principal causa conocida. Las estadísticas publicadas por el Ministerio de Medio Ambiente sobre causas de los incendios señalan que estas quemas agrícolas suponen, con mucho, la causa más numerosa de incendios forestales del territorio nacional. Los datos en el Pais Valencià/ Comunidad Valenciana en relación a las causas de incendios conocidas en el período 2012-2013 son el 35 % ocasionados por negligencias. Cuando comenzamos este estudio evidenciamos el conocimiento político de la situación. En las memorias anuales elaboradas por el Consell Econòmic i Social (CES) [1] órgano de control del gobierno valenciano, se dedica un capítulo a Medio Ambiente y recursos forestales, los datos en el año 2005 son 707 incendios, y dice un incremento del 42,2% con relación al año 2004, continuando con la tendencia ascendente que se registraba desde el año 2003. Destinándose entonces para frenar esta situación 18 millones de euros en programas de prevención de incendios forestales. El año 2013 registró 349 incendios, fue un año muy positivo por el descenso en el número de incendios como en la superficie afectada. Frente a este problema, postulamos que prevenir los incendios forestales es la clave del éxito para

---

[1]CES (2006). Medio ambiente. En: *Memoria sobre la situación socioeconómica y laboral de la Comunidad Valenciana 2005* . Capítulo IV.
http://www.ces.gva.es/pdf/trabajos/mem_socio/2005/III.4_2005.pdf

preservar los espacios naturales. Para lo cual se requiere una actuación sobre todos los posibles factores que inciden en el riesgo de incendios forestales.

Las actividades agrícolas que originan incendios, según la asociación ecologista WWWF/España[2], en su informe anual sobre incendios forestales y sus causas, constata que estas son:

- quemas de rastrojos
- quemas de restos de poda
- eliminación de setos y lindes de cultivos

Según este informe se reconoce como causante y responsable directo de los incendios a los agricultores que hacen malas prácticas en el uso de fuego. Y tal vez, en ocasiones se trate de conductas punibles por vulnerar las medidas de seguridad y prevención que establece la normativa legal aplicable.

Esta visión del problema justifica el interés en querer averiguar cuáles son las estrategias de comunicación y cuál es el tratamiento de la información de las Administraciones Públicas y los agricultores destinatarios finales de la información.

En este sentido la auditoría dará respuesta qué, cómo, cuánta y en qué momento los agricultores conocen la información necesaria sobre medidas de seguridad y prevención de riesgos a tener presente cuando realiza la actividad; o en caso contrario en qué medida es el sentido común el que dicta su actitud en el uso cultural del fuego.

---

[2] WWW/España. "Incendios Forestales: Causas, situación actual y propuestas.

2. METODOLOGIA y ESTRUCTURA

La auditoria de información, conlleva la evaluación y análisis de elementos básicos y factores estructurales de la comunicación, la producción documental y las tecnologías utilizadas para controlar esta actividad. Inicialmente a la auditoría de información y comunicación es al conocimiento del funcionamiento y la naturaleza de la organización, sus actividades, los procesos de actuación y los resultados. Como paso previo al análisis informacional, se describe la demarcación del territorio el valor ecológico y los datos estadísticos sobre la incidencia de incendios forestales a causa de quema agrícola y la zona afectada. Con respecto al contexto normativo, comprende la regulación del uso del fuego, especialmente en materia de quemas agrícolas. Se describen los procedimientos de actuación y administrativos sobre las autorizaciones para realizar quemas agrícolas legales. Todo este estudio previo permitirá identificar la información a auditar y determinará los elementos básicos de la estructura de información, es decir los actores necesarios para emprender el trabajo de campo y las personas informadores clave.

La metodología para llevar a cabo la auditoría de la información supondrá en todo caso conocer las peculiaridades del objeto de estudio y el estado de la cuestión y el carácter normativo de la situación. El método de trabajo de la norma ISO 15489-1 (2001), establece las siguientes fases: análisis de la información recopilada, identificación de los requisitos de información, formulación de estrategias de gestión documental y finalmente, implementar y evaluar un programa de gestión de documentos. En el caso que nos ocupa, realizamos una adaptación al método descrito, en primer lugar analizamos el contexto jurídico y los recursos para el control en la prevención de incendios forestales. Conocidas las bases legales y las competencias administrativas se identifican tanto los procedimientos de actuación y administrativo y como "los actores" (uso del masculino genérico) agricultores, ayuntamientos, agentes medioambientales y los medios del Servicio de Prevención y Vigilancia (Observatorios y unidades). La auditoria de información analizará los circuitos de información y tras el resultado del análisis se realizarán propuestas de mejora de los procesos de gestión y uso de la información dentro de la organización.

Los métodos clásicos del estudio de necesidades de información responden a cuestionarios y entrevistas personales, estas permiten conocer las cuestiones o intereses no atendidos. La presencia misma del encuestador hace salir a la luz demandas o problemas ocultos. Los llamados "actores" manifiestan de una vez, el deseo de expresar cuáles son sus necesidades de información. El cuadro 1 es el esquema que representa las claves el diseño metodológico

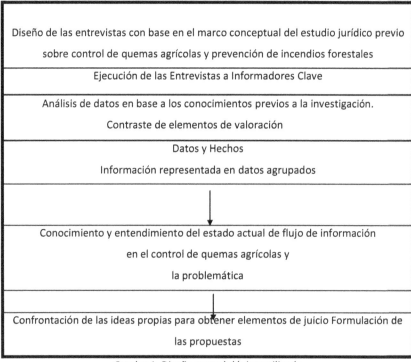

Cuadro 1. Diseño metodológico utilizado

Fuente elaboración propia, 2006

El diseño de las entrevistas es la primera tarea se concreta el diseño de entrevistas estructuradas a "los actores". La selección de personas informantes claves representativas se seleccionan en todos los estamentos de la organización y niveles de comunicación. En el caso de estudio, se utilizaron varios modelos de entrevista en función de la etapa de la comunicación, diferenciándose tres etapas:

- etapa inicial A: Usuarios y Técnicos de las Corporaciones municipales.

- etapa intermedia B: Agentes Medioambientales.

-etapa final C: Unidades del Servicio de Vigilancia Preventiva (Centro Coordinador de Comunicaciones, operarios de prevención y vigilancia, Coordinador de unidades).

Tras el diseño se realiza el trabajo de campo, este consta de entrevistas programadas y observación directa, necesarias para construcción los circuitos y soportes de comunicación, acopio de documentación y visitas donde se desarrolla físicamente los circuitos de información.

El análisis consigue estimar y agrupar los datos, se incide en el contraste entre los datos observados y la base a los conocimientos previos a la investigación. Esta fase de la investigación conlleva analizar los factores estructurales de la comunicación de las actividades, los flujos y circuitos de información, los soportes de comunicación, los lugares y modalidades de intercambio y los indicadores de control, como dice Annie Bartoli … "el análisis sólo puede llevarse a cabo tras las etapas de análisis y de acuerdo con metodologías coherentes". (Bartoli, 1992)

El resultado es el conocimiento del estado y la problemática del flujo de información en el control de quemas agrícolas y las necesidades de información.

Finalmente, a partir de los resultados del análisis se plantea la confrontación de ideas propias e ideas adquiridas en el proceso de investigación, proporcionándo elementos de juicio adicional y formulando las propuestas para la mejora y adaptación del circuito de información y documentación para un flujo eficiente de los recursos.

Definición de indicadores

Los indicadores plantean como objeto de análisis la categoría del flujo de información y comunicación. La selección de indicadores selección es básica para asentar los conceptos que consideremos esenciales en las entrevistas y para valorar los elementos de análisis y las fases de la comunicación.

Para obtener los mayores resultados en el análisis de información operativa y de los procesos de datos, se consideraron imprescindibles los siguientes indicadores:

- actores. Emisor-Receptor

- localización de soportes de información: Documental o Verbal

- práctica de conversaciones formales.

- seguimiento físico de los flujos

-.fecha de los procedimientos de actuación, para ello definimos la quema agrícola como momento de la contingencia.

Es necesario concretar los elementos de valoración de los indicadores, ya que los elementos de valoración perfilan el diseño de entrevistas y cuestionarios. Los elementos de valoración que hemos usado son:

- el contenido o carga informativa (operativa, legislativa)
- el grado de claridad o precisión de la información
- la pertinencia, relevancia y validez de la información
- las estrategias de comunicación e información, eficacia de los dispositivos, operaciones más eficientes, operatividad de la transmisión.

Fuentes de información

Las fuentes de información para la auditoría han proporcionado la información única, precisa y requerida para llevar a cabo el análisis, según la procedencia y origen de la información se tipificaron en: Personales. Institucionales y Documentales.

a) *Fuentes de información personales*

Las fuentes de información personales están representadas por informantes individuales o grupo de personas, entre las que existen relaciones profesionales dentro de la organización. Los informadores clave están vinculados profesionalmente a la prevención de incendios en general y en particular el control de quemas agrícolas. Se caracterizan también por su informalidad al no pertenecer a sistemas documentales estructurados; se han realizado entrevistas diseñadas para cada categoría profesional que han permitido conocer el funcionamiento de los circuitos de información.

En este caso, se identifican a los recursos humanos encargados de ejecutar el control de la actividad, estos fueron contactados y entrevistados en el centro de trabajo.

Dentro de la categoría de personal con funciones de control de la actividad se cuenta con agentes medioambientales, vigilantes forestales, coordinadores y técnicos de comunicación, las funciones se describen en el *Plan especial de prevención de incendios forestales.*

b) *Fuentes de información institucional*

Las fuentes de información institucional son aquellas que proporcionan información sobre una institución. El acceso a la información se ha realizado de forma oral y mediante entrevistas. Han proporcionando información en aspectos como funcionamiento, organización y servicios, concretados en los planes locales de quemas. Los técnicos municipales con funciones administrativas en los trámites de autorizaciones para el uso del fuego han proporcionado los documentos generados por la institución. Estos son los documentos modelos de comunicación e información para transmitir la información a los destinatarios finales.

c) *Fuentes de información documentales*

Las fuentes de información documentales son las que proporcionan información a partir de un documento; el origen de la información y el medio por el que se transmite es el documento, a veces la información que proporcionan es también sobre un documento.

Se entiende por documento: *Todo conocimiento fijado materialmente sobre un soporte y que puede ser utilizado para consulta, estudio o trabajo"* como *"herramienta indispensable para transmitir conocimientos, ideas y dar testimonio de los hechos, permitiendo la comunicación, la formación y la docencia.* (Amat, 1988):

Las fuentes bibliográficas para estudiar la temática de la prevención de incendios forestales y las quemas agrícolas son legislativas, procedimientos administrativos y estadísticas. La legislación básica forestal, el contenido informativo de los planes locales de quema de una muestra representativa de los municipios de El Comtat: Muro d'Alcoi, Cocentaina, Benasau, Planes, Agres, Alfafara y Beniarrés. El Plan Especial frente al riesgo de incendios forestales de la Comunidad Valenciana. La normativa interna sobre *prescripciones técnicas* para el Servicio de Vigilancia Preventiva e instrucciones para la movilización de los Agentes medioambientales y finalmente las publicaciones oficiales del Instituto Valenciano de Estadística.

3. DESCRIPCIÓN DEL ECOSISTEMA

La investigación es un caso práctico aplicado a los servicios de prevención de incendios de la comarca de El Comtat, que es la comarca más meridional de la Comunidad Valenciana. Con un total de 376,4 km². de superficie y cerca de 30 000 habitantes, tiene una densidad demográfica de 68,6 hab/km²), la capitalidad comarcal es Cocentaina, la demarcación territorial incluye las poblaciones de Almudaina, Alcolecha, Balones, Benasau, Beniarres, Benilloba, Benillup, Benimassot, Gayanes, Gorga, Millena, Muro de Alcoi, Planes, Vall d´Alcala, Lorcha, Benimarfull, Agres, Alfafara, Facheca, Famorca, Tollos, Alcocer de Planes y Alqueria de Aznar.

La comarca constituye una unidad territorial con un profundo y abrupto macizo montañoso. El complejo relieve de sierras sobrepasa los 1000 metros de altitud, alternando la cadena montañosa con enormes valles y cruzada por montes de menor altitud y a menudo coronados por afiladas crestas calizas, por la cual discurre el río Serpis formando una compleja red fluvial. Al circular el agua por terrenos blandos e inestables, origina barrancos y cañones de empinadas paredes que han servido para represar el exceso de las avenidas, como la construcción del embalse de Beniarrés, o para trazar caminos y carreteras. La complejidad del terreno se debe a su composición geológica: fosas tectónicas, fallas y pliegues son sus formas naturales de este relieve montañoso, de gran riqueza en barrancos, desfiladeros y valles. Conforman el Comtat las siguientes serranías: Safor, l´almudaina, Alfaro, Serrella, Aitana, Mariola y Benicadell. Las cuales se encuentran unidas por grandes valles como son: Ebo, Gallinera, Ceta, Planes y Agres. Es destacable entre todas las serranías la Sierra de Mariola situada entre las comarcas de L´Alcoià, El Comtat y la Vall d´Albaida, que está catalogada como Parque Natural de especial protección. Otro dato significativo de su especial valor es la frontera con el Parque Natural el Carrascar de la Font Roja, considerado como de los mejor conservados del territorio. En la categoría de bosque mediterráneo El Comtat tiene una flora de gran valor, una riqueza endémica de bosque tipo carrasca o encinar y también bosque mixto de fresno y quercus, además de otras especies arbóreas.

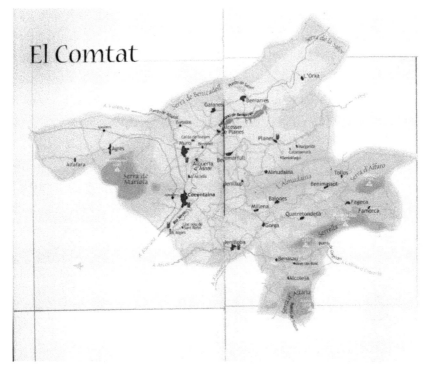

Mapa 1. El Comtat

Actualmente el monte bajo ha sido sustituido por enormes pinadas de varias especies producto de acciones de repoblación efectuadas en el pasado. Y el bosque mediterráneo autóctono queda reducido a lugares protegidos y zonas altas. Una pequeña extensión, la Serra de Mariola está catalogada como espacio protegido y declarado Parque Natural. El pino y la carrasca son las especies arbóreas predominantes combinadas con un rico sotobosque abundante en especies aromáticas y medicinales, de las que la sierra de Mariola es la mayor reserva de Europa.

Con esta descripción de calidad del territorio, en el fondo, quedaría aclarado por qué El Comtat constituye uno de los territorios en los que se concentran en mayor medida los valores medioambientales, paisajísticos y socioculturales de especial relevancia y de especial protección. Desde 1979 la comarca fue declarada "zonas de peligro"[3] con

---

[3] Real Decreto 1777/1979, de 22 de junio, para declaración de zona de peligro de incendios forestales en Galicia, País Valenciano y Baleares.

riesgo de incendios forestales. Esta declaración, de hecho, determina la protección prioritaria por sus valores productivos, protectores y de recreo, en las que deben intensificarse los trabajos de defensa de los bosques. Desde el 2005 esta declaración de "zona de alto riesgo de incendio" se hizo extensiva se a toda la Comunidad Valenciana.[4] El cuadro 1 estima los municipios afectados por el riesgo de incendios forestales, la superficie total y en detalle la superficie forestal y no forestal.

PROVINCIA DE ALICANTE

Nombre	Comarca	SUP. TOT.	SUP. NO FOR.	S. FOR.
AGRES	EL COMTAT	2.576.43	1.257.51	1.318,92
ALCOLEJA	EL COMTAT	1.487.08	601.39	885,70
ALFAFARA	EL COMTAT	1.993.00	1.096.34	896,66
ALMUDAINA	EL COMTAT	883.16	656.94	226,21
BALONES	EL COMTAT	1.123.61	541.48	582,13
BENASAU	EL COMTAT	902.87	731.74	171,13
BENIARRES	EL COMTAT	2.020.18	1.540.16	480,02
BENILLOBA	EL COMTAT	954.43	953.76	0.68
BENILLUP	EL COMTAT	341.02	277.12	63,90
BENIMARFULL	EL COMTAT	853.14	849.27	3,87
BENIMASSOT	EL COMTAT	952.00	456.20	486,81
COCENTAINA	EL COMTAT	5.278.10	3.473.33	1.804,77
QUATRETONDETA	EL COMTAT	1.678.62	1.011.99	666,63
FACHECA	EL COMTAT	1.018.24	399.92	618,33
FAMORCA	EL COMTAT	972.52	186.88	786,65
GAIANES	EL COMTAT	952.01	696.15	255,87
GORGA	EL COMTAT	911.01	793.72	117,29
LORCHA	EL COMTAT	3.176.73	1.186.47	1.990,26
MILLENA	EL COMTAT	975.54	615.64	359,90
MURO DE ALCOY	EL COMTAT	3.057.86	2.213.09	844,77
PLANES	EL COMTAT	3.891.24	2.453.25	1.437,99
TOLLOS	EL COMTAT	1.461.72	373.08	1.088,65

Cuadro 2. Municipios, superficies forestal y no forestal en hectáreas

Fuente: Plan Especial de Incendios Forestales.

La agricultura de la comarca se caracteriza por cultivos arbóreos de secano. El desarrollo de esta actividad ha encontrado una limitación importante por el abrupto relieve; aún así, la agricultura de interior ha experimentado incluso cambios en el tipo de cultivos. Pasando de antiguos cultivos de vid del siglo XIX a la actualidad por un riguroso cambio y predominio de olivares ocupando cerca del 40 % del terreno y el cerezo y los almendros con menor representatividad. Con todo se enfatiza la importancia del cultivo de montaña interior en estos municipios y resulta destacable en contraste a otras comarcas de la Comunidad. En todo el territorio, la gestión del uso cultural del fuego está regulada administrativamente por los planes locales de quemas, que incorpora las peculiaridades de cada territorio y los conocimientos de agricultores, ganaderos, cazadores entre otros.

---

[4] Resolución de 29 de julio de 2005, desde Conselleria de Territorio y Vivienda.

16

Datos sobre incendios forestales

Los siniestros totales en la comarca del Comtat en el período del estudio son 139 frente a los 1010 que se registraron en Alicante. La tendencia continuada durante los últimos años muestra un balance negativo de hectáreas quemadas a consecuencia de quemas agrícolas. En la tabla 3 se extraen los siniestros ocasionados por quemas agrícolas, el lugar donde se inició el incendio y las hectáreas afectadas. El período estudiado señala que de los 139 incendios, son considerados conatos 98 porque afectan a menos de 1 hectárea de superficie quemada y 41 afecta a más de 1 hectárea. Al menos 41 incendios son seguros declarados por quemas agrícolas, esta cifra se acerca al 30% de los incendios. En los tres últimos años de la serie se registran tres sucesos que afectan a zonas y espacio naturales protegidos. El Paisaje Protegido del Serpis y Paisaje Natural Protegido Solana del Benicadell.

Fecha de Inicio	Término Municipal de Origen	Vegetación Leñosa	Vegetación Herbácea	Total Forestal	Total no Forestal	
		Arbolada	No Arbolada			Espacio Natural Protegido
18/01/2005	COCENTAINA	0,00	0,00	0,15	0,15	0,00
01/02/2005	BENIARRÉS	0,00	0,20	0,00	0,20	0,00
07/03/2005	PLANES	0,00	0,10	0,00	0,10	0,30
11/03/2005	ORXA, L' /LORCHA	4,00	9,00	0,00	13,00	0,00
20/03/2005	VALL D' ALCALÁ, LA	0,00	0,10	0,00	0,10	0,00
10/05/2005	MURO DE ALCOY	0,12	0,00	0,00	0,12	0,00
20/05/2005	BENIARRÉS	0,20	0,00	0,00	0,20	0,00
20/05/2005	QUATRETONDETA	0,50	3,50	0,00	4,00	0,00
28/05/2005	GORGA	0,50	0,00	0,00	0,50	0,00
27/12/2005	AGRES	0,00	0,10	0,00	0,10	0,00
03/03/2006	QUATRETONDETA	0,00	0,15	0,00	0,15	0,00
09/03/2006	MURO DE ALCOY	0,50	0,00	0,00	0,50	0,00
20/05/2006	BENIARRÉS	0,00	0,02	0,00	0,02	0,00
29/06/2006	COCENTAINA	0,18	0,00	0,00	0,18	0,00
02/08/2006	MILLENA	0,01	0,00	0,00	0,01	0,00
18/01/2007	MURO DE ALCOY	0,00	0,01	0,00	0,01	0,00
23/02/2007	ORXA, L' /LORCHA	0,00	2,00	0,00	2,00	0,00
01/03/2007	ALMUDAINA	0,01	0,00	0,00	0,01	0,00
03/03/2007	QUATRETONDETA	0,00	0,50	0,00	0,50	0,00
08/03/2007	QUATRETONDETA	0,30	0,00	0,00	0,30	0,00
18/03/2007	GAIANES	0,00	0,10	0,00	0,10	0,00
19/03/2007	ALFAFARA	0,05	1,00	0,00	1,05	0,00
19/05/2007	PLANES	0,00	3,00	0,00	3,00	0,00
04/06/2007	BALONES	1,00	0,00	0,00	1,00	0,00
29/04/2008	BALONES	0,00	1,70	0,30	2,00	0,00
02/05/2009	ALCOLEJA	0,35	0,00	0,00	0,35	0,00
15/05/2009	BENILLOBA	0,10	0,00	0,00	0,10	0,00

30/05/2009	AGRES	0,00	0,05	0,00	0,05	0,00	
15/03/2010	AGRES	0,00	0,03	0,00	0,03	0,00	
15/05/2010	GORGA	0,00	0,17	0,00	0,17	0,00	
14/11/2010	BALONES	0,00	1,00	0,00	1,00	0,50	
04/02/2011	COCENTAINA	0,00	0,35	0,00	0,35	0,00	
10/02/2011	BENASAU	0,00	0,20	0,00	0,20	0,10	
14/02/2011	MURO DE ALCOY	0,00	0,09	0,00	0,09	0,29	
02/03/2011	BENIARRÉS	0,00	0,03	0,00	0,03	0,00	
02/03/2011	PLANES	0,00	0,00	0,30	0,30	1,70	
22/10/2011	COCENTAINA	0,00	1,00	0,00	1,00	0,10	Paisaje Protegido del Serpis
08/03/2012	BALONES	0,00	0,50	0,00	0,50	0,50	
13/03/2012	TOLLOS	0,01	0,00	0,00	0,01	0,50	
07/05/2012	PLANES	0,10	0,00	0,00	0,10	0,00	
19/05/2012	BENIARRÉS	0,00	0,07	0,00	0,07	0,00	Paisaje Protegido del Serpis
05/05/2013	BENASAU	0,00	0,30	0,00	0,30	0,00	
29/10/2013	BENIARRÉS	0,00	0,20	0,00	0,20	0,20	Paisaje Natural Protegido Solana del Benicadell

Cuadro 3. Siniestros por quemas agrícolas entre 2005-2013. Las superficies están expresadas en hectáreas.
Fuente: Datos de la Dirección General de Prevención, Extinción de Incendios y Emergencias.

Desde el año 2000 las estadísticas de incendios forestales iniciados en el término comarcal, estiman que no tienden a desaparecer, sino que todos los años las cifras siguen siendo negativas y las hectáreas de monte afectado aumentan año tras año. En este sentido resultaría interesante plantear alternativas como puede ser el compostaje o energías renovables a partir de biomasa para poco a poco ir reemplazando la quema agrícola de rastrojos a la actividad de las quemas.

Los datos estimados concuerdan con las conclusiones generales del *Informe sobre Incendios forestales de WWF/España* (antes WWF/Adena), en España, en el decenio 2001-2010. El estudio determina que la causa mayor conocida de incendios forestales, son los incendios intencionados provocados por negligencias o acción dolosa o culposa del causante incluidas las quemas agrícolas junto con las quemas para regeneración de pastos. Este último informe concluye que suman un 68% del total de incendios son intencionados.

4. CONTEXTO NORMATIVO

El objetivo de análisis del contexto normativo es establecer la base conceptual y describir la información de los procedimientos administrativos y la actuación en materia de prevención de incendios y control de quemas agrícolas que vamos a auditar. El análisis normativo autonómico describe las funciones y la actuación del Servicio de Vigilancia Preventiva, mientras que la jurisdicción local describe los Planes de Quema Agrícola que regulan esta actividad.

4.1 Normativa Autonómica

La competencia para elaborar leyes y hacer que las leyes se cumplan se legitima en la Ley Orgánica 5/1982 de 1 de Julio, que aprueba el Estatuto de Autonomía de la Comunidad Valenciana y establece que la Generalitat tendrá competencia exclusiva en materia de montes (art. 31. 10) y de la protección del medio ambiente (art.32. 6) ajustándose al marco de la legislación básica del Estado. La Ley establece las competencias del Gobierno de la Generalitat, en cuanto a planificación, coordinación y ejecución de las medidas y acciones necesarias para la prevención y lucha contra los incendios forestales, conjuntamente con las demás Administraciones Públicas y en colaboración con los particulares con las organizaciones de agricultores.

Con relación a los planes de protección contra incendios, la Ley 2/1985, de 21 de enero, de Protección Civil en su art. 8.2 establece que le corresponde a la Comunidad Autónoma, la responsabilidad de redactar y aprobar el *Plan Especial frente a Incendios Forestales*, en el ámbito territorial de la Comunidad Valenciana y del informe de la Comisión de Protección Civil de dicha Comunidad.

Posteriormente se aprueba la Ley 13/2012, de 23 de noviembre, de la Generalitat, de Protección Civil y gestión de Emergencias.

Actualmente, el servicio de prevención de incendios forestales está integrado dentro de la Dirección General de Prevención, Extinción de Incendios y Emergencias, que pertenece orgánicamente a la Conselleria de Gobernación y Justicia.

Por otra parte, el cuerpo de Agentes Medioambientales está adscrito a la Conselleria de Infraestructuras, Territorio y Medio Ambiente.

En cuanto a la legislación en la prevención de incendios forestales y las medidas de seguridad en prevención de incendios en el desarrollo de quemas agrícolas y control del uso del fuego podemos citar la siguiente normativa.

La Ley Forestal

La Ley Forestal[5] de 1993 y los artículos 55 a 60 (capítulo III del título VI) sobre los incendios forestales regulan la actividad que estamos estudiando. La primera restricción de la ley sobre el desempeño de la actividad es la prohibición en general del uso del fuego en los terrenos forestales y la quema de rastrojos y de otras superficies para labores agrarias en los terrenos colindantes con el monte o con una proximidad a éste inferior a los 500 metros. La ley se desarrolló a través de su reglamento[6] en 1995 y estableció las condiciones, los requisitos y las excepciones para el uso del fuego.

En cuanto a la temporalidad de la actividad se establece en el artículo 145, este determina que: "Quedan prohibidas como medida precautoria general en los terrenos forestales, en los colindantes o con una proximidad menor a 500 metros de aquellos, las acciones o actividades siguientes:

f) La quema de márgenes de cultivos o de restos agrícolas o forestales durante el periodo comprendido entre el 1 de julio y 30 de septiembre. g) La quema de cañares, carrizares o matorrales ligada a algún tipo de aprovechamiento ganadero, cinegético o de cualquier otro tipo durante el periodo comprendido entre el 1 de julio y el 30 de septiembre."

En el Reglamento se establece la potestad a los Ayuntamientos para disponer normas en esta materia a través de los Planes Locales de Quema. En el artículo 146, dice: " Las actividades que, aun estando restringidas dentro del ámbito de aplicación del presente reglamento, podrán realizarse previa autorización, son las siguientes: e) La quema de márgenes de cultivos o de restos agrícolas o forestales fuera del periodo comprendido entre el 1 de julio y 30 de septiembre. f) La quema de cañares, carrizares o matorrales

[5] Aprobada como Ley 3/1993, de 9 de diciembre de la Generalitat Valenciana, Forestal de la Comunidad Valenciana.
[6] Aprobado por Decreto 98/1995, de 16 de mayo, del Gobierno valenciano, por el que se aprueba el Reglamento de la Ley 3/1993.

ligada a algún tipo de aprovechamiento ganadero, cinegético o de cualquier otro tipo fuera del periodo comprendido entre el 1 de julio y el 30 de septiembre."

Por tanto, legalmente existe la prohibición durante el período comprendido entre el 1 de julio y el 30 de septiembre, y se faculta a los Ayuntamientos para regular la prohibición fuera del mismo período. El Reglamento expresa una excepción fuera del periodo anterior y manifiesta restricciones a la actividad en épocas de peligro extremo. Como medida extraordinaria en días y horas en que el Índice de peligro sea extremo, se prohíbe encender cualquier tipo de fuego, quedando en suspenso todas las autorizaciones (locales) otorgadas, así como todas las acciones o actividades que para esos días recojan los Planes Locales de Quema. El índice de peligro está determinado diariamente con una previsión de 48 horas.

Cabe mencionar además, la Orden 30 de marzo de 1994 de Consellería que establece las medidas generales para la prevención de incendios forestales, las instrucciones que se llevarán a término y que se relacionan con actividades que estando restringidas por la ley, podrían realizarse previa autorización incluyendo las quemas agrícolas[7]. También se menciona por exclusión las quemas agrícolas en el Decreto 7/2004, sobre seguridad y prevención de incendios, sobre los trabajos realizados en obras de ingeniería civil, zonas de tratamiento silvícola y explotación forestal, reservada del ámbito de aplicación las quemas agrícolas. Mencionamos este decreto porque afecta a la actividad agrícola en el uso de aparatos eléctricos[8].

El Plan de Vigilancia Preventiva

El Decreto 163/1998, aprueba el Plan Especial Frente al Riesgo de Incendios Forestales en la Comunidad Valenciana, es el marco legal de las funciones que ejerce el Servicio de Vigilancia Preventiva[9]. El objetivo fundamental de la prevención es evitar el inicio de incendios forestales, el Plan define los recursos humanos y materiales a movilizar para cada uno de los niveles de preemergencia, determina las áreas de

---

[7] Orden 30 de marzo de 1994, de la Consellería de Medio Ambiente, por la que se se regulan las medidas generales para la prevención de incendios forestales. (DOCV núm. 2245, de 14.04.1994).
[8] Decreto 7/2004, aprueba el Pliego de 23 de enero, del Consell de la Generalitat, por el que se aprueba el pliego general de normas de seguridad en prevención de incendios forestales que han de observarse en la ejecución de obras y trabajos que se realicen en terrenos forestales y sus alrrededores.
[9] Aprobado por Decreto 163/1998, de 6 de Octubre de la Generalitat Valenciana. (DOCV núm. 3400 de 24.12.1998).

actuación y los servicios concretos que han de realizarse en las mismas y finalmente establece un procedimiento de actuación común para todas las fuerzas actuantes. Con carácter general, los medios destinados a la prevención de incendios forestales se articulan a través del Plan de vigilancia que contiene las instrucciones de funcionamiento del dispositivo de vigilancia activa y disuasoria frente a los incendios forestales, en el que establecen las acciones de distintos medios en cada territorio, en cada época del año y en cada situación de riesgo. Aunque Consellería proporciona recursos para conducir a buen fin el Plan, sin embargo externaliza la gestión, la asistencia técnica y la ejecución de las actuaciones de prevención. Para ejecutar el Plan, el ente instructor sigue las prescripciones técnicas planificadas desde Consellería presentadas a través del *Pliego de prescripciones técnicas elaboradas por el Departamento forestal*. Estas, describen e instrumentalizan el Plan; definiendo funciones y capacidades de los recursos humanos y medios materiales, así como de criterios para el diseño de un Sistema de Información que registra la información de la alerta meteorológica.

4.2 Normativa Local

En primer lugar, la competencia se legitima en la Ley de Régimen Local[10], que permite a los Ayuntamientos ordenar el uso del fuego en la actividad agrícola, en un sentido amplio (artículo 25), dice así:

"El municipio ejercerá, en todo caso, competencias, en los términos de la legislación del Estado y de las Comunidades Autónomas, en las siguientes materias: Protección civil, prevención y extinción de incendios."

La competencia municipal en cuanto a elaboración de *planes locales de quema*, está amparada en el Título VII, Capítulo III del Reglamento de la Ley 3/93 Forestal. De ahí que, es respetuosa con la autonomía municipal fomentando la intervención de las Corporaciones Locales en la administración y gestión de sus recursos forestales. Y también está reconocida en la Orden de 30 de marzo de 1994, sobre medidas generales de prevención de incendios. En consecuencia, los Ayuntamientos dentro de sus competencias y medios, establecerán las normas adicionales de aplicación que

---

[10] Ley 7/1985, de 2 de abril, reguladora de las Bases del Régimen Local, (BOE de 30/04/1985).

consideren oportunas en las zonas forestales de su término municipal y muy especialmente las que puedan derivarse de los planes locales.

El análisis comprende los planes locales de quemas y procedimiento administrativo para la concesión de autorización de las quemas agrícolas y el procedimiento de comunicación de las autorizaciones al Servicio de Vigilancia Preventiva.

Plan Local de Quemas

La actividad legislativa municipal se concreta en el *Plan Local de Quemas*. Es la normativa reguladora fundamental dentro del término municipal en la gestión del uso cultural del fuego. Hay que comentar que la elaboración del Plan sigue unas directrices de Conselleria concernientes a elementos básicos a considerar antes de su aprobación y publicación en el Boletín Oficial de la Provincia. Sin embargo, incorpora las peculiaridades de cada territorio y los conocimientos de agricultores, ganaderos, etc que en él habitan. En cuanto a los objetivos generales planteados para la confección del plan menciona:

1. - reducir el riesgo de incendios forestal por la utilización del fuego en las actividades agrarias o cívico-culturales, fijándose los medios preventivos que se consideran oportunas, desde una administración más cercana al ciudadano.

2. - establecimiento de zonas de cultivo con diferentes peligros potenciales de incendio forestal, en las cuales se definen las actividades permitidas, sin que resulte necesaria la petición de permiso o autorización previa.

1- reducción de la burocracia anterior, al afectar el procedimiento administrativo y simplificar los trámites.

Si analizamos el contenido, por un lado, se tratará fundamentalmente de la distribución específica de horarios, jornadas y meses del año afectos para realizar distintos tipos de actividades agrícolas.

- restos procedentes de poda de cultivos.
- limpiezas manuales hechas en cunetas, acequias y márgenes.
- quemas de márgenes, cunetas, acequias y rastrojos.

De las mencionadas actividades, la de quemas de márgenes son consideradas las más peligrosas para la propagación de un fuego, puesto que se están quemando combustibles que pueden tener continuidad a la masa forestal. Los planes locales contienen las medidas de seguridad y prevención para el desarrollo de estas actividades.

Y para finalizar veremos el procedimiento administrativo general para la concesión de autorizaciones y permisos de quema.

Este estudio conlleva un análisis de los planes de quema de la población de la muestra estudiada. En la comarca de El Comtat empieza a formalizarse los planes a partir de 1995, cada municipio resuelve sus peculiaridades y costumbres en el uso del fuego. Se observa que la semejanza entre ellos resulta más notable que las diferencias. Se analizaron las medidas de seguridad y medios disponibles para la prevención de incendios forestales de cada municipio. De esta observación los municipios se agruparon por los modelos afines. Las normas de seguridad y prevención adoptadas en los planes son básicamente similares, regulando los siguientes elementos: receptáculo o contenedor de quema, distancias mínimas, altura de llama, presencia hasta el término de la combustión, - ausencia de viento superior a 10 km y mochila de agua (como veremos hay planes que no contempla tácitamente esta medida).

El modelo de plan común responde a los municipios: Almudaina, Acolecha, Balones, Benasau, Beniarres, Benilloba, Benillup, Benimassot, Cocentaina, Gayanes, Gorga, Millena, Muro d´ Alcoi, Planes, Vall d´ Alcalà. Los municipios con modelos distintos al modelo común son Lorcha, Benimarfull, Agres y Alfafara. Finalmente un grupo de municipios carecen de plan propio: Facheca, Famorca, Tollos, Alcocer de Planes y Alqueria d´Aznar.

Procedimiento administrativo para la concesión de autorización

Hay que señalar que a diferencia de la diversidad de planes de los planes locales de quemas, el procedimiento administrativo es uniforme en todos los municipios consultados. Para obtener la autorización de la actividad de quema agrícola, se realiza un trámite de comunicación escrita al Ayuntamiento. Dicho acto se puede realizar hasta en un día de antelación a la actividad. Otra característica común es la validez mensual de la autorización. Cuando la actividad queda autorizada se expide un documento informativo que el agricultor debe llevar en el momento de la actividad porque debe mostrarse cuando así lo requiera alguna autoridad competente, Agentes

Medioambientales o vigilantes. El documento hace mención de una advertencia la tenencia de autorización no inhibe la responsabilidad de daños a terceros, tanto civil como penal, recae en el peticionario. Además, se informa de las medidas extraordinarias que deberá tomar el agricultor, en cuanto a cancelación automática y prohibición de la actividad cuando el grado de preemergencia sea nivel 3 o alerta máxima.

Procedimiento de comunicación de las autorizaciones al Servicio de Vigilancia

Preventiva

El procedimiento administrativo respecto a la comunicación de autorizaciones, se dispone el compromiso del Ayuntamiento para confeccionar una relación de quemas que hayan sido autorizadas en el término municipal, ordenada por partidas. El documento de comunicación consiste en una relación mensual de quemas autorizadas, remitida vía fax al *Centro de Comunicaciones de Emergencias Provincial*. La legislación obliga que se comuniquen los siguientes datos: nombre del propietario, día o período de quema, nombre de la finca, documento nacional de identidad del propietario y teléfono de contacto. Estas relaciones de quemas autorizadas son enviadas al Servicio de Vigilancia Preventiva al concluir el mes.

5. ANÁLISIS DEL FLUJO DE INFORMACIÓN

El sistema de información no es disponer de un ordenador o tablet y realizar un tratamiento automático de datos; sino que más bien se trata de satisfacer las necesidades informacionales de los usuarios. Las funciones básicas que definen un sistema de información son: la recogida, procesamiento y almacenamiento de datos, así como la elaboración y presentación de los mismos, esta es la definición de los manuales de informática consultados(Celma, 1997). En el análisis de la gestión de la información operacional, es imprescindible considerar la necesidad de información como un componente (Botha, 2003).

Desde hace años se sigue la tendencia a considerar el nuevo valor de la información en las organizaciones, pasando de ser un mero apoyo en las actividades de las mismas, y considerarla como recurso esencial. En esta línea, el hándicap consiste en entender cómo administrar y gestionar mejor la información y esta como recurso se convierte en un elemento crítico en las organizaciones modernas.

"La información no es un recurso en sí mismo,

sino en el contexto de un proceso o tarea específico"

Horton.

En otra visión del concepto, más acorde a la gestión del conocimiento en la organización, el sistema de Información está constituido por al menos cuatro componentes: máquinas, procesos, personas y documentos.

Según Alfons Cornellà (2002) " si bien las máquinas pueden permitir una agilización de la gestión de los documentos, sin embargo la consecución del fin de la Organización, la eficacia o tándem resultados obtenidos y recursos utilizados del sistema va a depender finalmente de que las personas o usuarios finales utilicen adecuadamente esos documentos / Información, en procesos correctamente diseñados de acuerdo con los objetivos perseguidos, considerando la usabilidad del sistema en términos de interficies amigables o estándar y facilidad de uso".

En este sentido, señalar que el objetivo de la auditoría de información es el análisis y descripción de la información y del flujo o circuito de transmisión de la información/

documentación entre actores: por una parte la Administración realizando funciones de control y por otra los destinatarios finales de la información que realizan las quemas agrícolas.

5.1 Información: obligatoria y necesaria

Pero ¿cómo identificamos la información obligatoria y necesaria? en un análisis de la información, resulta normal plantearse problemas que generalmente son identificables durante el proceso de las auditorias de Información, algunos de estos suelen ser:

-duplicidad de recursos y procesos.

-información no actualizada.

-información no proporcionada cuando es necesario.

-falta de formación en gestión de la información por parte del personal.

-falta de uso de las facilidades de las telecomunicaciones y de desarrollo de software específico de distribución de información.

Este análisis de necesidades de información, ha conducido a identificar la llamada *información crítica*, necesaria para el colectivo involucrado en una actividad concreta. Esta *información crítica*, se considera necesaria para realizar las acciones que trazan objetivos prioritarios y los factores críticos del éxito (científico, técnico, tecnológico, económico, comercial, financiero, social, humano, etc).

En nuestro caso la fase de identificación de la *información crítica* es resultado del estudio de la regulación normativa en el capítulo precedente; la *información crítica* es la indispensable en la actuación y control de quemas agrícolas. Consecuentemente, el punto de partida para identificar problemas de información, es identificar la información a auditar en el contexto jurídico como marco conceptual básico, entre normativa y operativa.

En el proceso de la auditoría de información conseguimos diferenciar entre necesidades y regulación normativa y los medios y estrategias disponibles. La terminología utilizada está basada en el esquema de clasificación de información en una organización utilizado por Jakobiak (1988).

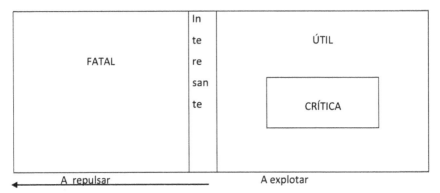

	In te re san te	ÚTIL
FATAL		CRÍTICA

A repulsar ⟵   A explotar

Cuadro 4. Información Fatal, Útil y Crítica

Fuente. Jakobiak.

Se considera la información crítica como aquella que será indispensable para actuar o decidir en esta actividad, útil para asegurar el funcionamiento y se encuentre normalizada en documentos reglamentarios.

Identificación de la información a auditar

En cuanto a la información que vamos a auditar con el objetivo de describir el flujo de información:

- Por una parte, la información de carácter normativo, por tanto, relevante para prevenir situaciones de riesgo de incendio, o probabilidad a que se produzca un incendio en una zona en un intervalo de tiempo determinado, esta información es de carácter obligatorio (instrucciones de los Planes de quemas) son las normas de seguridad y prevención que deben conocer (y aplicar) los agricultores que realizan la quema; frente al empleo del sentido común y sensibilidad de cada agricultor, en definitiva evitar en lo posible riesgos y negligencias.

- Por otra, la comunicación de información precisa en situaciones puntuales de peligro o alto riesgo especial, el llamado nivel 3 de preemergencia, del cual derivan consecuencias tan transcendentes como la prohibición inmediata de la actividad por el riesgo de incendio y la posibilidad de vulnerar medidas de seguridad y prevención por la carencia informativa.

Esta información se materializa en los siguientes referentes normativos:

El Plan Especial frente al riesgo de incendios que integra el Plan de Vigilancia preventiva, "modus operandi "en control de quemas agrícolas para la red del Servicio de Vigilancia Preventiva y los Planes de quemas reguladores de las medidas de seguridad y prevención, además de programar las actividades permitidas anualmente.

En cuanto al alcance y limitaciones de la Organización, entendemos que se coordinan organismos de varias Admnistraciones con idéntico objetivo común, por tanto tratamos la Organización como *Organización ficticia*, (colaboración de dos Administraciones Públicas autónomas) dotada de unidades funcionales de naturaleza operativa y potestativa, y cuya meta común es controlar y prevenir incendios forestales por causas de negligencias en quemas agrícolas. Sin duda, analizar el flujo de transmisión de información implicará el grado de colaboración de ambas Administraciones Públicas.

La información que disponen los agricultores y el Servicio de Vigilancia Preventiva ante una actuación determinan consecuentemente esta actuación. Lo ideal sería que todos pudiésemos disponer la información que necesitamos cuando la necesitamos.

Una vez identificada la información crítica, paso a describir el uso que de ella hace la organización, los recursos disponibles y necesarios para hacerla accesible a quien la necesita.

La Organización involucrada en el control de quemas agrícolas autorizadas, por su naturaleza está integrada por varios organismos públicos sin el *principio de colaboración;* es imposible cumplir objetivos, es necesaria la corresponsabilidad administrativa en la prevención de incendios forestales.

El análisis nos va a proporcionar la identificación e interacción de elementos que consideramos básicos, a fin de medir las ventajas que convienen reforzar y los puntos negativos a corregir.

Estos elementos son por un lado, los actores o personas implicadas en la producción, gestión y uso de la información, por otro, los factores estructurales de la organización en aras de describir el uso de los recursos organizativos nos proporcionarán la visión general de los circuitos de información.

Así pues, es interesante reflexionar en la interacción de los siguientes componentes:

- Actores de la Organización:

- actores Administración Autonómica

- actores Administración Local

- Factores estructurales de la comunicación:
    - flujos y circuitos de información
    - soportes de información
    - tecnologías de información
    - tecnologías de comunicación

5.2 Actores

La Organización es un grupo de personas vinculadas a través de procesos,..la Organización no existe independientemente de las personas-actores o actuantes: personas implicadas en la producción, gestión y uso de la información que se relacionan informaciónálmente en orígenes diferentes (asociación profesional, sindicato, red informal) y a niveles diferentes (unidad en la que se relaciona en su institución, calificación en su unidad operativa, etc). Es decir, el estado informacional de los Actores es central e incluso compleja, en consecuencia la operación de filtrado de la información que se efectúe dependerá de las interacciones de sistemas de información transversales. Por estos motivos, los Actores o actuantes son un elemento básico en la descripción del circuito de información en una Organización.

De hecho, las aportaciones de Volant sobre la noción de los actores en el sistema de información y la metodología de concepción del sistema de información documentación, son los pilares que nos llevan a considerar la identificación de los Actores como elemento fundamental para analizar el flujo de transmisión de información. En todo caso, es básico el estudio de necesidades de información de los participantes.

Por lo general, identificar a los Actores es un paso previo tanto para diseñar un sistema de información, como para auditar la información (Volant, 2001).

La propuesta tratará de identificar los Actores y profundizar el valor del contenido de la información que se transmite, es decir, la carga informativa y en consecuencia por omisión de la misma, plasmando en cambio las carencias de información. Mediante el proceso de identificación de responsabilidades nos dirigimos a las unidades funcionales (verificamos su existencia) que queremos evaluar.

El recurso común para identificar Actores en una Organización es a través de directorios y organigramas,

El Servicio del Plan de Vigilancia Preventiva contra Incendios Forestales se ejecuta mediante el modelo de encomienda de gestión En este estudio el departamento forestal de la empresa pública Vaersa (ente instrumental de la Generalitat Valenciana) incorpora la gestión de medios complementarios que la Conselleria de Gobernación precisa para el desarrollo del Plan de Vigilancia Preventiva. Concretamente aquellos medios humanos o materiales que por su carácter estacional se consideran necesarios.

Nuestra propuesta en este caso de estudio es considerar los actores según su naturaleza administrativa de adscripción y/o a la dependencia con la Administración, hablamos de:

- actores dependientes de la Administración Autonómica en el marco del Plan de Vigilancia Preventiva: el personal de Vaersa encomendado a la Conselleria de Gobernación y los Agentes medioambientales (Conselleria de Infraestructuras, Territorio y Medio Ambiente) con específicas funciones de vigilancia y control de quemas agrícolas.

En los municipios que no disponen de Plan Local de Quemas, las autorizaciones las realiza directamente el agente medioambiental.

Junto con los agentes medioambientales, también son personal propio de la administración los técnicos de los servicios territoriales de la Dirección General de Prevención, Extinción de Incendios y Emergencias.

- actores dependientes de la Administración Local: colectivo de agricultores (protagonistas de quemas) y los Ayuntamientos que autorizan la actividad.

Actores: Administración Autonómica el Servicio de Vigilancia Preventiva

En primer lugar, el Servicio de Vigilancia Preventiva son los recursos humanos para ejecutar el Plan de Vigilancia.

Para que el lector se haga una idea de la magnitud de los recursos humanos en 2012 el servicio estaba constituido por los siguientes medios:

- Personal de estructura técnica y coordinación.
- 101 unidades de prevención de las cuales 11 son motorizadas.
- 70 observatorios forestales.

- 1 unidad técnica de apoyo a la extinción de incendios forestales.
- centrales provinciales de comunicación.

A todo ello hay que sumar agentes medioambientales, voluntarios; Protección Civil, técnicos de prevención y gestión de emergencias; Policía Local y Autonómica y Fuerzas y Cuerpos de Seguridad del Estado. Entre las funciones que desarrollan las unidades de prevención con el apoyo de los observatorios forestales cabe destacar:

- Vigilancia y detección de incendios o humos o cualquier riesgo potencial para el monte.
- Información y asesoramiento a los usuarios sobre el riesgo de incendios, niveles de alerta, normativa, utilización del fuego en general, así como de las diferentes campañas de Prevención y otras medidas cautelares de la Prevención de incendios forestales.
- Control de quemas autorizadas y asistencia a los agricultores.

Los agentes medioambientales poseen autoridad para exigir responsabilidades y como agente de la autoridad, de acuerdo con su propia normativa, pueden tener encomendadas, entre otras funciones, las de policía y custodia de los bienes jurídicos de naturaleza forestal citadas en la Ley de Montes[11], por tanto exclusivas de agentes medioambientales y excluidas con la necesidad de coordinación en aquellas situaciones de riesgo inminente de incendio forestal.[12]

Los Actores del Servicio participantes en el flujo de información analizado son:

- Agentes Medioambientales
- Operarios de prevención y vigilancia.
- Vigilante de observatorio forestal.
- Coordinador de unidades de prevención
- Emisorista adscrito a la Central de Comunicaciones

En el cuadro 5 se sintetiza los medios humanos disponibles en El Comtat.

---

[11] Ley 43/2003, de 21 de noviembre, de Montes.
[12] Instrucciones para la movilización de los Agentes Medioambientales en situaciones de preemergencia, ante acciones que impliquen un riesgo inminente de incendio forestal.

Agente Medioambiental	Coordinador	Unidad Normal	Unidad con voluntariado	Unidad motoriza das	Observatorio	Central Comunicación
8	1	2	1	1	2	1

Cuadro 5. Recursos Personales con funciones de Vigilancia

Fuente: Plan de Vigilancia Preventiva

Actores: Administración Local

Los actores adscritos a la jurisdicción de la Administración Local están comprendidos en las demarcaciones territoriales de 24 municipios que integran la comarca el Comtat. Dentro de esta categoría y según las funciones desempeñadas podemos decir que interactúan los siguientes Actores:

-Técnicos municipales: son tramitadores de autorizaciones de la actividad y por tanto, transmisores de información verbal y textual.

-Agricultores: son ejecutores de la actividad, tienen asociada la responsabilidad civil y penal de las consecuencias de la quema y son los destinatarios finales de la información.

El trabajo de campo, nos va a permitir conocer la información que se transmite, el uso y las actualizaciones que se practican. Las entrevistas se han realizado a los técnicos de los Ayuntamientos, lo cual nos permitirá conocer los recursos de información disponibles y los factores estructurales dispuestos para la cooperación entre Administraciones Públicas en general y Ayuntamientos en particular.

El nivel de conocimiento de los agricultores respecto a los derechos, deberes y obligaciones que otorgan la autorización de la quema está en parte determinado por el grado de asociacionismo, ya que si pertenecen a algún colectivo agrario municipal aumentan las posibilidades de recibir informaciones de las campañas de prevención de Conselleria, merced al grado de cohesión del grupo, este es un factor estructural determinante en la transmisión de información. También es determinante en el acceso a la información el grado de responsabilidad individual de cada agricultor y el sentido común hacia la prevención de incendios.

5.3. Factores estructurales de la Comunicación

A partir de la gestión organización-comunicación, se asignan responsabilidades particulares a determinados actores en este ámbito, como manifestaciones del campo de acción de estos actores. La descripción de la comunicación en la organización, sólo podría llevarse a cabo, como señala Annie Bartoli, después de las etapas de análisis de los documentos o soportes de información y de acuerdo con metodologías coherentes (Bartoli, 1994).

El análisis y evaluación de los factores estructurales permitirá conocer las evidencias que conviene reforzar y los puntos negativos a corregir. En otras palabras el resultado del análisis contribuirá a hacerse una idea aproximada de lo que sería óptimo en el modo de emplear la información y los conocimientos organizativos. En definitiva: lo que debería ser.

Los factores estructurales de comunicación organigramas, procedimientos de actuación y organización del trabajo han sido considerados en otros apartados del estudio, por tanto los factores que vamos presentar son:

- flujos y circuitos de información
- soportes de información
- tecnologías de información
- tecnologías de comunicación

Flujos y Circuitos de Información

La organización clásica para gestionar la información en una organización es un esquema jerárquico estructurado en tres niveles o grupos: coordinación, Mando y Operativo. Una fórmula de comunicación que funciona en servicios generales de seguridad y emergencias.

Sin embargo en esta tesis el planteamiento es distinto, no se trata de analizar situaciones de emergencia, sino de organizar actividades operativas de las unidades de vigilancia.

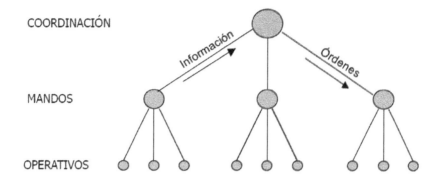

Para definir los circuitos de transmisión de la información es interesante proyectar la proposición de flujo de información, que considera la misma en función del valor en sí del mensaje (Jakobiak 1998).

Este método consiste en categorizar la información y asociar el valor desde la fase inicial de planificación, principalmente en el análisis de necesidades y fases posteriores, que en definitiva conlleva el ciclo de gestión de la información. Este enfoque es más cercano al estudio de la estrategia competitiva de gestión empresarial o Inteligencia o vigilancia tecnológica.

En esta línea (Soy Aumatell, 2003) la auditoría informativa establece las necesidades de información de la organización, determina cómo dan respuesta los recursos de información a estas necesidades y establece unas pautas de mejora del recurso información.

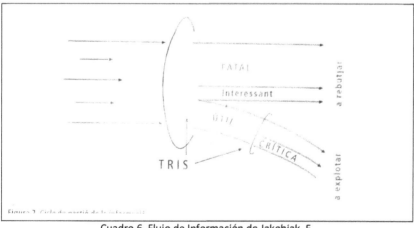

Cuadro 6. Flujo de Información de Jakobiak, F.

La aportación significativa de la estrategia de Jakobiak, es puntualizar la diferenciación y matiz que toma la información que fluye en la Organización, y elegir en la gestión sólo la información vital y absolutamente necesaria, la *información crítica.* Los flujos y circuitos de transmisión, muestran las relaciones comunicativas entre actores que en función de sus puestos de trabajo, intervienen en la transmisión de información limitada por los elementos organizativos.

En la práctica la estrategia pasa por la planificación y consistirá en dividir el circuito en tres ejes en función de los actores identificados, ésta decisión servirá para simplificar la evaluación de problemas o carencias e interpretar de manera sistemática las evidencias. La comunicación ideal sería la distribución de la información en tres ejes.

Por tanto además de la *información crítica* que auditamos: normas de seguridad y prevención y situación de nivel 3 de preemergencia, se estudia el flujo creando una situación ideal de transmisión de la información entre actores. La información podrían resultar efectiva y justificaría el diseño ideal de comunicación.

Analizados los actotres y las estructuras de comuicación,, el cuadro 7 muestra una propuesta del circuito de información, un modelo de gestión de datos, llamémosle "circuito ideal de información". Este hito inicial describe los actores con funciones de responsabilidad y organiza la información en fución de los mismos. Se trataría de un circuito de transmisión en la cual se establecerían las relaciones comunicativas en una gestión efectiva de la información.

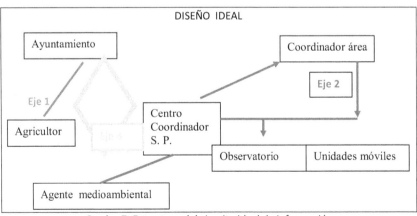

Cuadro 7. Estructura del circuito ideal de información

Fuente: Elaboración propia

La descripción de los ejes se utilizará para analizar la transmisión de información real y nos permitirá compararla una situación ideal.

Los ejes que canalizan el circuito de información:

Eje 1: Ayuntamiento-agricultores

El eje 1 se corresponde al flujo que se produce durante la interacción de los ayuntamientos y los agricultores. Podemos afirmar que el rol activo recae en el ayuntamiento, que es quien tiene la responsabilidad de informar, en definitiva es quién ejerce la potestad de conceder la autorización para realizar la actividad.[13]

El análisis reflexiona sobre las siguientes cuestiones: ¿Cuál es la información que se transmite en el Servicio de Vigilancia Preventiva? , ¿Cómo reciben la información los agricultores? , ¿Cuales son los soportes de información en la transmisión?, ¿Cuales son los medios utilizados en la transmisión, otros medios de transmisión?, ¿Qué tecnologías se utilizan?, ¿qué información les llega a los agricultores y responsables civiles de las quemas agrícolas autorizadas?. En definitiva Valorará la calidad de la información, precisión de datos; momento de su difusión, información no pertinente en relación con necesidades o expectativas; falta de adecuación entre utilidad de la información.

Eje 2: Agente medioambiental-Centro coordinador- Servicio de Prevención y Vigilancia

Se trata de la interacción entre el Agente medioambiental, el Centro Coordinador, las unidades de Vigilancia y los observatorios forestales.

Las unidades realizan rutas prefijadas con la intención de abarcar las diferentes áreas de vigilancia.

Los observatorios forestales identifican "humos" que dependiendo del posible riesgo son transmitidos a las unidades o a los agentes medioambientales para que realicen una comprobación in situ.

Se establecen una comunicación ente los diferentes actores respecto a la detección, tareas de control, vigilancia de las medidas de prevención e intervención y paralización de la quema en caso de peligro o por el no cumplimiento del plan local de quemas.

---

[13] Nota: El agente medioambiental concede las autorizaciones en los ayuntamientos que no disponen de plan local de quemas, pero dado que son muy pocos los municipios afectados se ha obviado esta situación a la hora de describir los ejes de información.

Las centrales de comunicaciones colaboran en la gestión de la información, transmiten a los medios las instrucciones que reciben de la directriz técnica, dan el aviso del nivel de preemergencia y también comunican situaciones de riesgo para que se movilicen los recursos.

Eje 3: Servicio de Vigilancia Preventiva - Centro Coordinador- Agentes – Ayuntamientos-Agricultores

El eje tercero describe el flujo de transmisión de información desde el momento en que se decreta preemergencia nivel 3 hasta llegar a los agricultores destinatarios finales de la información que en consecuencia con la preemergencia estarían obligados a la paralización de la actividad por alto riesgo de incendio.

Las unidades también realizan "jornadas de choque" para supervisar que los agricultores cumplen con las medidas preventivas o con las nuevas directrices de la Dirección General de Prevención, Extinción de Incendios y Emergencias. Como por ejemplo la aplicación de la Resolución de 10 de marzo de 2014, sobre reducción de los horarios aptos para la realización de quemas[14].

Por otra parte, el Centro de Coordinación comunica los niveles de preemergencia que se establecen diariamente a los ayuntamientos mientras que estos informan al Centro de Coordinación de las autorizaciones concedidas de quemas agrícolas.

Soportes de la Información

Los soportes de información documental o documentación recopilada, va ser tratada para su clasificación y síntesis con el fin de obtener el inventario de documentos. La producción documental que nutre el inventario se corresponde tanto al procedimiento que autoriza administrativamente la quema agrícola en los Ayuntamientos como al procedimiento de actuación y control que se ejerce desde Consellería. El análisis de contenido tiene el objetivo de facilitar los datos que caracterizan el contenido del documento de una forma clara y concisa. Los datos de naturaleza administrativa, que faciliten la descripción y calidad de la información,

---

[14] Nota: La Resolución de 10 de marzo de 2014, de la Dirección General de Prevención, Extinción de Incendios y Emergencias, sobre reducción de los horarios aptos para la realización de quemas. (DOCM 27/03/2014). Sobre restricción con carácter general en los terrenos forestales colindantes o con una proximidad menor de 500 metros de aquellos, la quema se acota al periodo comprendido entre el orto y las 13.30 horas. Y sige los planes locales de quema y autorizaciones que contradigan lo establecido quedan en suspenso.

imprecisión de datos; o no pertinencia en relación con necesidades o expectativas analizadas; y la necesidad de adecuación entre utilidad de información y tiempo de difusión.

Identificación y descripción de los documentos

Para elaborar el inventario asimilamos la identidad de dos conceptos: soporte de información-documento administrativo, para Identificar y describir los documentos que soportan la *información crítica*. La documentación es imprescindible en los dos procedimientos comentados: administrativo y de actuación. A los documentos de análisis se tuvo acceso en el momento de las entrevistas. En síntesis los documentos producidos en cada eje de transmisión de información son:

- En el eje 1: Ayuntamientos y agricultores, el Escrito de comunicación de actividad.
- En el eje 2: Servicio de Vigilancia Preventiva, Agente medioambiental y Centro Coordinador, la Hoja de ruta o cuadrante mensual.
- En el eje3: Centro coordinador, Servicio prevención, agente medioambiental, Ayuntamientos y agricultores, los Informes o parte de incidencias, el Boletín nivel de preemergencia ante el riesgo de incendios forestales y la Notificación autorizaciones de quema.

La descripción formal de cada documento, define la pretensión y extracta la información que se recoge en los mismos y la temporalidad de la validez del documento.

-Escrito de comunicación de actividad

Este documento de transmisión, tiene doble pretensión, por una parte el valor administrativo de conceder autorización para realizar las actividades de quema. Y por otra parte relaciona las instrucciones a seguir en la actividad. Consta de 5 tipos de datos: Personales, localización, tipo de actividad, validez y relación de instrucciones.

- Datos personales: solicitante, propietario, Documento Nacional de Identidad, teléfono.
- Datos localización: nombre de la finca, partida.
- Datos de la actividad: tipo de quema o restos procedentes de poda, restos procedentes de limpiezas mensuales, quema de márgenes, cunetas y acequias.

- Datos de validez: vencimiento mensual o quincenal normalmente el período empieza el día siguiente a la tramitación de solicitud.
- Datos de instrucción: información del Plan de quema sobre obligaciones, deberes y medidas de seguridad y prevención que debe observar el solicitante, son instrucciones administrativas.

Los datos son trasmitidos mensualmente desde los Ayuntamientos al Centro de Coordinación, según nos informaron los técnicos municipales. No se envían individualmente por cada actividad autorizada, se envían en una relación a mes cerrado.

-Hoja de ruta (cuadrante mensual)

La hoja de ruta es el itinerario trazado para que las unidades móviles del Servicio de Prevención en la vigilancia del monte. Este Servicio en la demarcación está dotado de dos unidades móviles y la demarcación la componen tres comarcas. Hay establecidas cinco rutas geográficas alternativas y se organizan los días para cubrir al máximo el territorio. No obstante, en los días en que se decreta el *nivel de emergencia 3* o extraordinario, hay prioridad y las unidades siguen dos rutas ya determinadas para este caso.

-Informe o parte de incidencias

Recoge la información referida a la intervención diaria de las unidades de vigilancia. En el cual se identifican datos de la quema y valoración del riesgo. Los informes son trasmitidos mensualmente al coordinador de zona.

-Boletín nivel de preemergencia ante el riesgo de incendios forestales

El boletín es emitido por el Centro de Coordinación de Emergencias y dirigido a todos los Ayuntamientos vía fax diariamente cuya hora de recepción es a las 10 de la mañana. La notificación contiene dos informaciones: declara el nivel de preemergencia para ese día y la previsión para el siguiente día. La validez o vigencia de la declaración de preemergencia es de 24 horas.

-Notificación de autorizaciones al Centro de Comunicación de Emergencias

Se pretende dar cumplimiento con la normativa forestal en cuanto al traslado y comunicación al Centro de comunicaciones de emergencias provincial. El Comtat mensualmente tramita alrededor de 2.500 comunicaciones, según cálculos del Centro coordinador y aproximadamente se tramitan 30.000 anuales (octubre-junio) en toda la provincia. El volumen de cada Ayuntamiento oscila entre 70 y 150 por mes según informaron los técnicos municipales de los ayuntamientos consultados.

El circuito de los documentos se sintetiza en el cuadro 8.

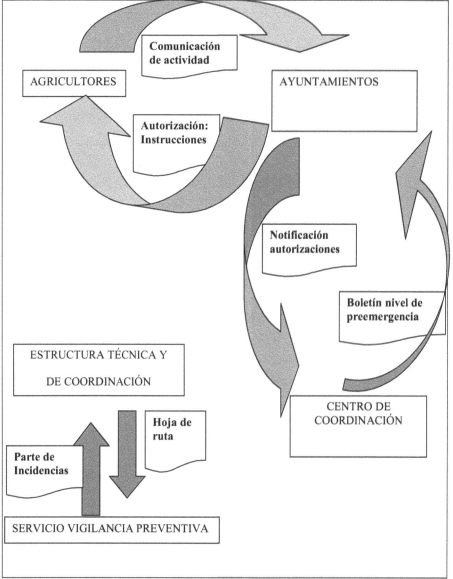

Cuadro 8. Circuitos de los documentos.

Fuente: Elaboración propia

Tecnología de Información

Hablar de tecnología de información implica describir los recursos tecnológicos disponibles en la Organización para alcanzar los objetivos propuestos. La tecnología aplicada sirve para gestionar mejor la información y convertirla en conocimiento (A.Cornellà, 2002).

Las Organizaciones actuales suelen utilizar dos grandes esquemas (MC Donald, S. 1998) para distribuir la información:

-Sistemas tipo "pull", en el que la persona interesada en una información debe ir a buscarla de manera activa; por ejemplo en una base de datos.

-Sistema tipo "push", en que la información se envía directamente a quien le puede resultar útil, de acuerdo con un perfil informacional que puede haber resultado de una auditoria de información previa; es el caso de las circulares internas.

El caso de estudio combina los dos sistemas, por lo que, el estudio de la plataforma tecnológica y de comunicación proporcionaran evidencias de la realidad ambivalente en el diseño.

Plataforma tecnológica. Herramientas tecnológicas

En la Plataforma tecnológica para proporcionar el Servicio Integral de Emergencias de la Comunidad Valenciana prevalece el programa de *"teléfono único" de emergencias europeo 112,* un servicio central de coordinador de emergencias, administrativamente dependiente de Consellería. El Servicio de Emergencias lleva funcionando desde el año 1999, momento en que se implantó la plataforma 112. La tecnología aplicada a la prevención de incendios se integra en la plataforma y son sus funciones:

*integración de las comunicaciones

*despacho de incidencias CAD (Computer arded dispatching), a través del CoordCom G4 de la Compañía Ericsson AB desde el cual se coordinan los protocolos de actuación de emergencias. Y el Gabinete de Información CECOPI se encarga de canalizar toda la información a los medios de comunicación social durante la situación de emergencia y de los sistemas de avisos a la población dentro de las medidas de protección para la población. El cuadro 9 presenta el modelo de la Plataforma tecnológica.

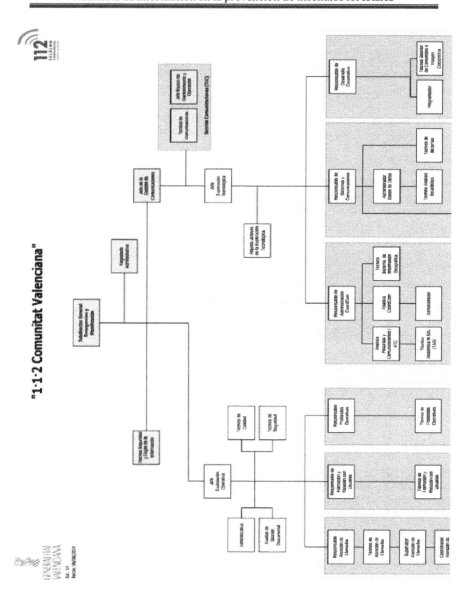

Cuadro 9. Modelo de Plataforma tecnológica del Servicio de Emergencias.

Fuente: web. www.112.c.v.com

Este modelo engloba todas las situaciones reales de emergencias que puedan suceder en todo el territorio.

El Sistema de Información para la protección del medio ambiente y control de quemas agrícolas está basado en las siguientes herramientas tecnológicas:

- SERVICIO DE CONSULTA DE LA PÁGINA WEB:

http://www.112cv.com/ilive/Main

Facilita el acceso a parte de la información que hemos identificado como crítica.

Se emite diariamente un boletín con los niveles de situaciones de preemergencia para cada una de las 7 zonas en que se divide la Comunidad. Dichos niveles de preemergencia o niveles "Previfoc", son:

* Nivel 1: Peligrosidad Baja-Media.
* Nivel 2: Peligrosidad Alta.
* Nivel 3: Peligrosidad Extrema.

Además, encontramos información sobre normas de seguridad, manuales y guías en la prevención de incendios forestales, etc.

CUENTA DE TWITTER

https://twitter.com/gva_112cv

A través de esta cuenta de twitter, el gabinete de comunicación de emergencias de la Comunitat Valenciana comunica diariamente el nivel de preemergencia y da consejos ante los fenómenos meteorológicos.

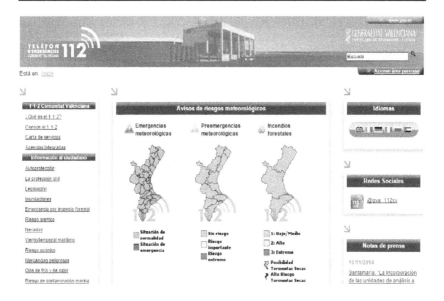

Cuadro 10. Pantalla de consulta servicio 112 de Conselleria

Fuente. www.112.c.v.com

- SISTEMA DE INFORMACIÓN GEOGRÁFICA

Es el sistema que determina Riesgos potenciales, integrado en la Plataforma es el Sistema de Información Geográfica, de uso interno, que prevé en función de los parámetros: condiciones meteorológicas, calidad del territorio y estadísticas de incidencias, las zonas de mayor riesgo de incendios y estos datos se enlazan con los datos de prevención, depósitos de agua, observatorios forestales, cartografía temática, todo ello sirve para tomar decisiones en la gestión del Plan de Prevención de Incendios. El sistema está diseñado para actividades de emergencias riesgos generales, no relacionándose directamente con el control de quemas agrícolas y el flujo de información que analizamos.

- BASE DE DATOS DE PERMISOS DE QUEMA

La herramienta de almacenamiento de información sobre los permisos de quemas agrícolas concedidos son dos bases de datos *PLQ-2005 y QUEMAS (SIN PLQ)*

45

localizadas en el Centro de Coordinación de Emergencias Provincial, desde donde se gestiona. Son dos bases de datos en circuito cerrado sin conexión a la plataforma corporativa del servicio de emergencia. Los datos son proporcionados e incorporados mensualmente mediante los listados que envían los Ayuntamientos al Centro de Comunicaciones y los campos o datos de los registros son estos:

Nª Registro	Nombre	Apellidos	DNI	Población
Mes/dia/año	Código comarca	Código municipio	Partida	

Las bases almacenan un volumen de datos superior a 30.000 registros anuales en toda la provincia de Alicante. Tuvimos acceso a las bases y comprobamos que estas no eran actualizadas con regularidad, incluso llevaban un retraso en la incorporación de datos, por lo que se descartó el uso de esta base para el análisis de datos o elaborar estadísticas.

- SERVICIO FOC CONSULTA

Se trata del sistema para dar información sobre el nivel de preemergencia a todos los ciudadanos. Empezó a funcionar a finales del año 2005; dirigido con carácter general a todas las personas, empresas o entidades que estén interesadas en conocer el nivel de preemergencia. Actualmente está desconectado aunque ha funcionado hasta 2014, La Consellería ofrece el servicio de mensajes a móviles de información sobre niveles diarios de preemergencia por riesgo de incendios forestales y el funcionamiento es el siguiente:

.-Primer paso: inicializa a través del servicio SMS el texto FOC CONSULTA al 7212

.-Segundo paso: recibe SMS de contestación "información de zonas que presentan nivel 3 de preemergencia por riesgo de incendios forestales.

Con este servicio, obtenemos la información de niveles de preemergencia fijados para el día en que se emite el mensaje y los niveles previstos para el día siguiente.

-SISTEMA DE COMUNICACIÓN DEL SERVICIO DE VIGILANCIA PREVENTIVA

Las comunicaciones se realizan con un sistema digital de radio denominado TETRA (del inglés: Trans European Trunked Radio). Es un estandar definido por el

Instituto Europeo de Estándares de Telecomunicaciones en servicios como los de emergencias y que permite la transmisión de datos.

Además, posee una infraestructura diferente a las de telefonía móvil públicas.

El terminal portátil incluye conectividad Bluetooth, navegador WAP, módulo integrado GPS, y funcionalidad de "hombre caído" (permite detectar cuando el portador de una radio pudiese haber sufrido un accidente. Básicamente dicha función detecta el cambio de posición que pueda sufrir un equipo).

5.4 Resultados aplicados

La presentación de los resultados aplicados concluye el análisis de la carga informativa, la distribución y la satisfacción de necesidades. El contraste entre legalidad y realidad, los datos y la evaluación de encuestas, entrevistas, reuniones de trabajo, el análisis de los soportes documentales y las tecnologías utilizadas.

Como resultado más inmediato, la auditoria nos proporciona una fotografía detallada de lo que la organización hace con la información y los objetivos corporativos que se pretenden alcanzar, los conocimientos y la información necesaria que es preciso contrastar con la situación ideal (Soy 2003).

El análisis cuestionaba los siguientes elementos de valoración:

- contenido o carga informativa (operativa, legislativa)
- grado de claridad o precisión de la información
- pertinencia, relevancia y validez de la información

Por ello, los resultados aplicados del análisis se centran ahora en los datos que caracterizan el contenido del documento de una forma clara y concisa. Considerándose la pertinencia, relevancia y validez de la información en el momento exacto de la transmisión de información, que la distribución sea satisfactoria.

En base a las estructuras de los circuitos de información definidos, se presenta la distribución del contenido informativo que se transmite, así como la tecnología y herramientas tecnológicas empleadas en cada eje del circuito de información.

Transmisión de información eje 1

Los documentos que nos han servido para el estudio de este eje fueron recogidos durante las visitas programadas a los Ayuntamientos, en ellos se observa la ausencia de normalización documental. Como resultado del análisis de contenido de los *Escritos de comunicación de actividad*[15], se comprobó que las informaciones dirigidas a los agricultores en la forma de instrucciones contienen diferencias y peculiaridades establecidas en los planes de quema de cada Ayuntamiento. La información en este eje es básicamente legislativa, sería conveniente que fuese más clara y precisa.

El Cuadro 11 sintetiza el resultado comparativo de la información transmitida en los modelos de solicitud de los ayuntamientos. Se constata la carga informativa, el grado de claridad o precisión de las medidas de seguridad, el calendario de actividades y en la última columna marcada en rojo, la información esencial que debería conocer el agricultor y es omitida. Hemos incluido en el análisis el plan de quema de Llosa de Ranes (F) aunque no pertenece a la comarca El Comtat aplican un modelo documental informativo recomendable .

Por ejemplo los teléfonos institucionales de contacto, el carácter de instrucciones obligatorias del Procedimiento de actuación de las quemas y otra información relevante como la existencia del anterior servicio FOC CONSULTA o actualmente la página web o el twitter de GVA 112 CV, para obtener información del nivel de preemergencia en cada momento y así como la carga de responsabilidad civil del agricultor en la actividad.

Solicitud de Autorización	Medidas de seguridad y prevención PLQ	Calendario de actividades	Omisiones en el PLQ
A	-Limpieza de bancales .-Prohibición por alerta nivel o poniente	Programa mensual /horarios	RCA * SFC** Teléfono

---

[15] Todos los modelos analizados se adjuntan en anexo.

Notas:

48

	.-Separación de margen		emergencias PAM *****
B	.-Limpieza de bancales con .-Márgenes con anchura mínima 10metros .-Prohibición en vientos de 10 Kms/hora .-Presencia del agricultor en la combustión	Programa mensual /horarios	RCA SFC** Teléfono emergencia Contenedor de hormigón
C	.-Limpieza de bancales .-Presencia del agricultor en la combustión. .-Altura de llama máxima 2 metros .-Contenedor de hormigón .-Mochila de agua con 20 lts y 300 lts cuando sean restos de jardinería .-Procedimiento de actuación para quemar márgenes .-Márgenes con anchura mínima 10 metros .-Prohibición en vientos de 10 Kms/hora	Programa mensual /horarios	RCA* SFC** Teléfono emergencias
D	Programa mensual /horarios	Programa mensual /horarios	RCA* SFC** Teléfono emergencias
	.-Presencia del agricultor en la	Programa	RCA*

* RCA Responsabilidad civil de agricultor
* * SFC Servicio Foc Consulta
* * * PAM Procedimiento de actuación para quemar márgenes

E	combustión. .-Contenedor para la quema de hormigón o metálico	mensual /horarios	SFC** PAM ***** Teléfono emergencias
F	.-Limpieza de bancales, anchura no inferior a 2 metros .-Presencia del agricultor en la combustión. .-Prohibición por alerta nivel 3 o viento de poniente .- Responsabilidad civil del agricultor .-Teléfonos de emergencia	Programa mensual /horarios	SFC**

Cuadro 11. Análisis de contenido de la información transmitida por los Ayuntamientos

Fuente Elaboración propia

Los medios disponibles en la estrategia utilizada para la difusión de los planes de quema de los Ayuntamientos son: campañas de difusión del contenido del Plan y la información que el funcionario dé al usuario en las oficinas donde se tramita el permiso. El lugar idóneo para comunicar la declaración de nivel 3 de preemergencia en el Ayuntamiento esa el Tablón de anuncios según el Plan de quemas pero en las visitas oculares se comprobó la ausencia de esta funcionalidad y consideramos que debería ser revisada para normalizar el uso de este soporte básico de comunicación. Además los Ayuntamientos carecen del sistema de información que soporte la gestión interna de los procedimientos en la concesión de permisos de quema. Las comunicaciones generadas en este eje no conllevan registros telemáticos, entendidos como modalidad de registro informatizado caracterizado por su aptitud para dejar constancia de las actuaciones administrativas.

En lo que respecta a las tecnologías de información en los Ayuntamientos, podemos decir sobre las tecnologías observadas en visitas realizadas a los Ayuntamientos son básicas, están dotados de ordenador, acceso a la red internet y teléfono-fax. La

---

* RCA Responsabilidad civil de agricultor
* * SFC Servicio Foc Consulta

dotación tecnológica existe, no obstante, no es operativa para el control de quemas. Las solicitudes de permiso de quema no son datos informatizados, sino que se utiliza un modelo textual sin normalizar. Se podría mejorar con la incorporación del registro telemático. Actualmente los Ayuntamientos no han implementado un sistema de información automatizado que soporte la gestión interna de los procedimientos en la concesión de permisos de quema, esta información proporcionaría los datos para el control de la actividad estudios. Es relevante que el modelo de solicitud no está normalizado, porque en cada Ayuntamiento se utiliza un modelo diseñando su propio plan de quemas, con las ventajas y desventajas que ello comporta, como veremos más adelante en los resultados comparativos del contenido informativo.

Transmisión de información eje 2

Para exponer los resultados del análisis de este eje de transmisión es conveniente recordar el punto de partida teórico, es decir, el Plan de Prevención de Incendios Forestales, en el cual pudimos identificar las actuaciones y operativas que tienen destinados el servicio de vigilancia. En cuanto a la "Operativa de Transmisiones", entendida como los medios y sistemática a utilizar en el seguimiento y desarrollo de situaciones de preemergencia.

La comunicación es diaria y la información que se transmite es operativa, el documento de trabajo que materializa las directrices y determina las rutas de vigilancia la *Hoja de ruta* (cuadrante mensual) se distribuye los días del mes en rutas alternativas para cubrir al máximo el territorio asignado. La información que en este caso operativa resulta clara y precisa. Pero no está relacionada con las quemas agrícolas que han sido autorizadas por los ayuntamientos.

El contacto entre actores se materializa mensualmente en reuniones de trabajo asistiendo coordinadores y técnicos de la demarcación, el objetivo es evaluar las incidencias en las actuaciones y sobre los itinerarios y en su caso, toma de decisiones sobre vigilancia móvil.

En cuanto a las tecnologías de transmisión las comunicaciones son realizadas por radio frecuencia, las unidades están provistas de emisora de radio y se transmite la información operacional generada en aplicación de los protocolos de actuación del

Plan. El sistema de mensajería es el medio utilizado por el Centro de Coordinación en la transmisión del nivel de preemergencia a las unidades de vigilancia. Se utiliza la tecnología móvil I+D, el Centro de coordinación mediante el servicio de mensajería directa, transmite mensajes operativos. Por ejemplo transmite el Nivel de preemergencia a números Ibercom de las unidades de vigilancia Este sistema es una aplicación que permite la gestión de la mensajería de textos. Se organiza por grupos o directorios según las funcionalidades.

Transmisión de información eje 3

Los resultados del análisis de transmisión de información en este eje nos sorprendió puesto que los técnicos de los Ayuntamientos entrevistados desconocían el acceso al servicio FOC CONSULTA. Este servicio no estaría integrado en ningún eje de transmisión ya que la existencia del servicio no garantiza la usabilidad y transmisión de la información. La capacidad de las tecnologías de la información para transferir la información no basta para garantizar que los usuarios recibirán la información que precisen Cornella (2002). De ahí la importancia de las *auditorias de información*, para determinar si la información se transmite y se cumplen los objetivos; o por el contrario, la información no es accesible a los usuarios y el nivel de usabilidad es mínima.

Las tecnologías de transmisión observadas entre Centro Coordinador de Emergencias y los Ayuntamientos se utiliza la tecnología Fax. Desde el Centro de emergencias a los Ayuntamientos se notifica el nivel 3 de preemergencia. Y a la inversa el fax lo utiliza el Ayuntamiento para enviar las relaciones mensuales de autorizaciones concedidas al Centro de Coordinación Provincial.

6. CONCLUSIONES GENERALES

El estudio ha revelado que la plataforma tecnológica dispone de servicios para informar a los usuarios, aunque carece de un sistema de seguimiento de autorizaciones de quemas agrícolas, por lo tanto no existe vinculación entre el ideario de las rutas de vigilancia del Servicio de Vigilancia Preventiva y las autorizaciones de quemas concedidas por los Ayuntamientos.

Se detecta la inexistencia de coordinación en relación a los permisos de quemas concedidos que se reciben en el Centro de Comunicaciones y transmitir dicha información a las unidades de prevención, los observatorios forestales y los Agentes medioambientales.

Una insuficiente gestión de la información de las medidas de prevención en las quemas agrícolas ocasiona la pérdida de información e incrementa del grado de incertidumbre en la actuación de las unidades de prevención, dificultando el control de esta actividad.

La responsabilidad del agricultor en el uso del fuego, coexiste la responsabilidad de los Poderes Públicos en cuanto a la observancia y cumplimiento de normas de seguridad y prevención del riesgo de incendio forestal.

Sería aconsejable un tratamiento estadístico de los datos sobre la actividad autorizada y la vulnerabilidad del territorio concreto. Esta información beneficiaría favorablemente en la determinación de las rutas de vigilancia en el territorio que puede ser vulnerable de incendio, la toma de decisiones para por ejemplo priorizar actividades, organizar acciones, etc.

Convendría plantearse una gestión de datos que facilitase el incremento de la calidad de la información y proporcionase una reducción de la incertidumbre. De esta manera se aumentaría el control sobre la actividad de las quemas agrícolas, se optimizarían los recursos y es posible que se redujese el número de incendios forestales.

Conclusiones del contexto normativo

1.-La legislación marco es la Ley Forestal y el Reglamento que la desarrolla; el Plan Especial frente a Incendios Forestales y la ley de Emergencias.

El flujo de información para el control de quemas agrícolas es especialmente complejo porque las competencias en la gestión se encuentran compartidas entre varias Administraciones Públicas.

Por un lado, la responsabilidad en las funciones de control de quemas agrícolas recae sobre la Conselleria de Infraestructuras, Territorio y Medio Ambiente; en coordinación con el Servicio de Emergencias de la Conselleria de Gobernación. Sin embargo, la regulación de la actividad del uso del fuego es competencia de los Ayuntamientos y se desarrolla en virtud de los planes locales de quemas. Por tanto, para garantizar el control de la actividad se hace necesaria la vinculación y coordinación entre Administraciones Públicas.

2.-A diferencia del anterior sistema de concesión de los permisos a través del agente medioambiental, el procedimiento administrativo actual simplifica y agiliza la autorización de la actividades mediante los planes de quemas municipales, produciendo un sólo documento con validez automática. No obstante, se ha anulado el control que con el anterior procedimiento mantenían los Agentes medioambientales. Las actividades de quemas agrícolas se consideran en principio "controladas" si se toman las medidas de precaución adecuadas, y sólo cuando se produce la negligencia son origen de incendio forestal.

3.- Las acciones correctivas y preventivas que se recomienda son hacer una reflexión sobre los aspectos y elementos que intervienen en la gestión del procedimiento electrónico, como son: la configuración del documento electrónico, el registro electrónico de entrada/salida, la gestión del procedimiento mediante herramientas de workflow e implantar un sistema de información que soporte la gestión interna de los procedimientos.

Conclusiones del flujo de información

1.-Se ha identificado la *información crítica* necesaria para el control de la actividad que afecta tanto a agricultores como al Servicio de Vigilancia Preventiva: normas de seguridad y prevención y nivel 3 de preemergencia.

2.-El flujo de información que trasciende a los destinatarios finales, se materializa en el procedimiento administrativo propio de los Ayuntamientos; el cual no garantiza la gestión de la información y comunicación a los agricultores. Por lo tanto, se recomienda la *Normalización* de la producción documental del procedimiento administrativo y la gestión del procedimiento electrónico.

3.-Del soporte documental, destacar el análisis documental de los modelos de Comunicación, en él se constata la precariedad de datos e información recibida por los agricultores en cada Ayuntamiento. La inexistencia de normalización en la transmisión de las medidas de seguridad obligatorias para los agricultores, la imprecisión de datos, hace necesario plantear un documento de instrucciones que normalice la información en sentido restrictivo, y que dé garantía a los derechos y obligaciones. Quizás este sería una segunda fase de este proyecto.

4.-La estrategia de comunicación de los Ayuntamientos no garantiza la comunicación del nivel de alerta 3 o peligro máximo a los agricultores. Por otra parte, esta información es esencial para el agricultor por su naturaleza instructora. Pensamos que una mayor colaboración entre las Administraciones y especialmente partiendo de la Plataforma tecnológica de Consellería, aseguraría un servicio que permita que la información llegue a los agricultores provistos de permisos de quema.

5.-La Plataforma informativa de la Generalitat Valenciana no comporta en su funcionamiento la transmisión de información o su incorporación a todos los usuarios con responsabilidades en el desempeño de la actividad. Se desprende del análisis la existencia de los medios tecnológicos insuficientes para garantizar la transmisión de información y conocimiento del nivel 3 de preemergencia a los destinatarios, debido a que los destinatarios por falta de conocimientos no acceden a la web ni a la red social twiter.

6.-Aunque los recursos del Plan de Vigilancia Preventiva están dotados de medios suficientes para garantizar la claridad y precisión de la información operativa, consideramos que debido a la ausencia de información estadística, la Administración Autonómica mantiene carencias en la gestión de la información relacionada con las autorizaciones de quemas concedidas por los Ayuntamientos.

7.- El Servicio de Vigilancia Preventiva realiza mas bien una vigilancia interventiva o disuasoria. Las unidades de vigilancia y los observatorios forestales desconocen la ubicación de los permisos de quema. La carencia de estrategia para comunicarse, además de la inexistencia de automatización de la información, conlleva al desconocimiento de esta información por parte del Servicio a la hora de programar las rutas de vigilancia. Debido al alto número de autorizaciones mensuales (2.000), creemos que por lo menos, las quemas que suponen un mayor riesgo si que deberían tenerse en cuenta a la hora de establecer las rutas de vigilancia.

Por todo ello, se recomiendan acciones correctivas y la implantación de un sistema para eliminar el problema y reducir el grado de incertidumbre.

Las conclusiones de la investigación tienen como objeto ser una herramienta para la reflexión sobre la situación actual del control de la información. Nuestro ánimo ha sido aportar soluciones para mejorar estas situaciones y abrir una línea de investigación para un estudio global de los circuitos de información aplicados a la prevención de los incendios forestales.

REFERENCIAS

ACHARD, P, BERNAT, J. L´*intelligence économique : Mode d´emploi*. Paris : ADBS, 1998.

AMAT, N. *Documentación científica y nuevas tecnología de información*. 2ªed. Madrid: Pirámides, 1988.

AENOR (2006): UNE ISO 15489:2006, *Información y Documentación. Gestión de documentos de archivo. Parte 1*, General, Madrid: AENOR, (ISO 15489:2001).

AENOR (2003): UNE-66173, *Los recursos humanos en un sistema de gestión de la calidad. Gestión de las competencias.*, Madrid: AENOR, 2003.

AENOR (1996): UNE 50135, *Documentación y presentación de informes científicos y técnicos*. Madrid: AENOR, 1996.

ANGLOS ULLATE, J.M [et al.]. Necesidad de una metodología que optimice la gestión documental: estudio de un caso práctico. En *Actas de la VI Jornadas Españolas de Documentación , Fesabid 1998 : Los sistemas de información al servicio de la sociedad*. Valencia 29- 30 –31 de octubre de 1998.

BARTOLI, A. *Comunicación y Organización: La Organización comunicante y la Comunicación Organizada*. Paris: Editions d´Organisation, 1992.

BEJARANO ROJAS, Mª N. (1998) Los servicios de información y documentación en una empresa pública y su razón de ser en la organización. En *Actas de la VI Jornadas Españolas de Documentación, Fesabid 1998 Los Sistemas de información al servicio de la Sociedad*. Valencia 29- 30 –31 de octubre de 1998.

BOTHA HANNERÍ y BOON, J.A. The Information Audit: Principles and guidelines. *Libri*, Vol.53. pp. 23-28. Universidad de Pretoria (Sud Africa), 2003.

BUSTELO RUESTA, C. Gestión documental en las empresas: una aproximación práctica. En: *La gestión del conocimiento: retos y soluciones de los profesionales de la información*. *VII Jornadas Españolas de Documentación,* Bilbao 19-20-21 octubre 2000. Bilbao: Universidad del País Vasco, 2000.

CANALS, A. *Gestión del conocimiento*. Barcelona: Gestión 2000.com, 2003.

CELMA, M. y otros. *Bases de datos relacionales*. Valencia: Universidad Politécnica de Valencia, 1997.

CORNELLA, A. Infonomia.com: *La gestión inteligente de la información en las organizaciones*. Bilbao: Deusto, 2002.

GARCÍA JIMENEZ, J. *La comunicación interna.* Madrid: Díaz Santos, 1998.

GARCIA, Mª A. La gestión documental en las empresas. Tendencias metodológicas y de actuación. *En FESABID 2003 Los sistemas de información en las organizaciones eficacia y trasparencia.* Barcelona, 6, 7 y 8 de febrero de 2003.

GUTIERREZ GARZÓN, L. La auditoria de información como herramienta de evaluación y mejoramiento de la gestión de documentos. *Biblios Revista electrónica de bibliotecología y museología.* Nº 16, Julio Diciembre, pp. 1-23. 2003.

[http://dialnet.unirioja.es/servlet/articulo?codigo=759375].

HENCZEL, S. *The information audit: a practical guide.* München: K.G. Saur, 2001.

JAKOBIAK, F. *Maitriser l´ information critique.* Paris : Les Editions d´Organisation, 1998.

Memoria sobre la situación económica y social de la Comunidad Valenciana. Valencia: Generalitat Valenciana, 2005.

[http://www.ces.gva.es/pdf/trabajos/mem_socio/2005/III.4_2005.pdf]

Ministerio para las Administraciones Públicas. *Manual de documentos administrativos.* Madrid: Tecnos, 2003.

PIQUERAS HABA, J y otros. Geografía de les Comarques Valencianes. Valencia: Foro ediciones, 1995.

PONJUÁN DANTE, G. *Gestión de la información en las organizaciones: principios, conceptos y aplicaciones.* Santiago de Chile: CECAPI, Universidad de Chile, 1998.

SOY I AUMATELL, C. *L´auditoria de la informació:* estat de la qüestió i perspectives de futur. Barcelona: Bibliodoc. 2003.

SOY I AUMATELL, C. *La auditoria de la información.* Barcelona: UOC, 2003.

VOLANT C. *Approche systémique et fonction information-documentation dans les organisations.* Paris: Documentaliste, sciences de l'information, 1985.

- Du système information-documentation au système d'information spécifique pour l'entreprise. Documentaliste, sciences de l'information, 1995.

-Le management de l´information dans l´entreprise : Vers une vision systémique. Paris : ADBS, 2000.

WWF/ ADENA. *Incendios forestales : situación actual y propuestas.* Madrid, 2004.

LEGISLACIÓN

Decreto 98/1995, de 16 de mayo del Consejo de la Generalitat Valenciana, Reglamento de la ley 3 /1993, 9 de diciembre forestal de la Comunidad Valenciana
(DOGV núm. 2520 de 01.05.95)

Decreto 253/1995, de 24 de julio, del Gobierno Valenciano, por el que se aprueba el protocolo de actuación frente a incendios forestales en la Comunidad Valenciana.(DOGV núm.2566, de 09.08.95)

Decreto 163/1998, de 6 de octubre, del Gobierno Valenciano, por el que se aprueba el Plan Especial frente al Riesgo de Incendios Forestales de la Comunidad Valenciana.(DOGV núm.3400, de 24.12.98)

Ley 7/1985, de 2 de abril, reguladora de las bases del régimen local. Jefatura del Estado (BOE núm.80 de 03.04.85)

Ley3/1986 de la Generalitat Valenciana, de 24 de octubre, de Patrimonio de la Generalitat Valenciana.

Ley 3/1993, de 9 de diciembre de la Generalitat Valenciana, forestal de la Comunidad Valenciana.(DOGV núm.2168, de 21.12.93).(Corrección de errores DOGV núm.2195, de 28.01.94)

Orden, de 10 de marzo de 2000, de la Conselleria de Medio Ambiente, por la que se regulan medidas extraordinarias para la prevención de incendios forestales desde el 20 de abril hasta el 24 de abril, ambos inclusive y los días 29 de abril y 30 de abril y 1 de mayo de 2000.(DOGV núm.3714, de 22.03.00)

Orden 30 de marzo de 1994, de la Consellería de Medio Ambiente, por las que se regulan las medidas generales para la prevención de incendios forestales.(DOGV núm. 2245, de 14.04.1994)

ORDEN de 27 de mayo de 2002, de la Conselleria de Medio Ambiente, por la que se establece un régimen de subvenciones destinadas a la realización de actividades para la difusión de medidas de prevención de incendios forestales dirigidas al sector agrario y se convoca la concesión de ayudas para el ejercicio de 2002. (DOGV núm.4265, de 06.06.2002)

Real Decreto Ley 11/2005, de 22 de julio, medidas urgentes en materia de incendios forestales. Criterios orientativos. (BOE núm 175 de 23.07.2005)

Reglamento (CEE) 92/2158 del Consejo, de 23 de julio protección de bosques comunitarios contra los incendios forestales.(DOCE L 217 de 31.7.92)

Resolución de 29 de julio de 2005, de la Conselleria de Territorio y Vivienda, por la que se declaran los terrenos forestales de la Comunidad Valenciana zona de alto riesgo de incendio.(DOGV núm. 5062, de 02.05.2005).

LISTA DE FIGURAS. MAPAS Y CUADROS

Cuadro 1. Diseño metodológico utilizado

Mapa 1. El Comtat

Cuadro 2. Municipios, superficies forestal y no forestal en hectáreas

Cuadro 3. Siniestros por quemas agrícolas entre 2005-2013. Las superficies están expresadas en hectáreas

Cuadro 4. Información Fatal, Útil y Crítica

Cuadro 5. Recursos Personales con funciones de Vigilancia

Cuadro 6. Flujo de Información de Jakobiak, F.

Cuadro 7. Estructura del circuito ideal de información

Cuadro 8. Circuitos de los documentos.

Cuadro 9. Modelo de Plataforma tecnológica del servicio de emergencias.

Cuadro 10. Pantalla de consulta servicio Previfoc de Conselleria

Cuadro 11. Análisis de contenido de la información transmitida por los Ayuntamientos

ANEXOS

Anexo 1 Modelo Autorización de quema. Instrucciones de la actividad A Alfafara

Anexo 2 Modelo Autorización de quema. Instrucciones de la actividad B Beniarrès

Anexo 3 Modelo Autorización de quema. Instrucciones de la actividad C Cocentaina

Anexo 4 Modelo Autorización de quema. Instrucciones de la actividad D Planes

Anexo 5 Modelo Autorización de quema. Instrucciones de la actividad E Quatretodeta

Anexo 6 Modelo Autorización de quema. Instrucciones de la actividad F Generalitat

Anexo 7 Modelo Autorización de quema. Instrucciones de la actividad G Benasau

Anexo 8 Modelo Autorización de quema. Instrucciones de la actividad H Llosa de Ranes

Anexo 1 Modelo Autorización de quema. Instrucciones Actividad A. Alfafara

GENERALITAT VALENCIANA
CONSELLERIA DE MEDI AMBIENT
DIRECCIÓ TERRITORIAL D'ALACANT

C/ Churruca 2?
Tel 500 00 00
Fax 500 00 00
03201 ALACANT

COMUNICACIÓ D'ACTIVITAT AMB FOC REGULADA
EN EL PLA LOCAL DE CREMES D'ALFAFARA

Nom i cognoms

D N I

Finca

Partida

-. Propietari de la finca

Activitat amb foc prevista

1.- Crema de restes d'espoga, escombraiment o neteja d'arbres, de marges, de cunetes, de sequies, etc

2.- Crema de marges, sequies, cunetes o rostolls

3.- Llançament de castells de focs artificials

Classificació de la zona segons el plànol del Pla de Cremes

Zona 1

Zona 2

Si es tracta d'altra zona, aquesta serà terreny forestal o terreny agrícola situat a menys de 500 mtes dels terrenys forestals. En el primer cas és necessari una autorització de la Conselleria de Medi Ambient. En el segon cas, no és necessari fer aquesta comunicació

Quinzena durant la qual es faran les activitats   de

Dies previstos.

Alfafara, a   de

PLAN LOCAL DE QUEMAS

COMUNICACIÓ DE CREMÀ:
Ajuntament de **BENIARRÉS** (ALACANT)

NOM DE LA FINCA ON ES REALITZARÀ LA CREMÀ

PROPIETARI DE LA FINCA

NOM DE LA PERSONA QUE VA A REALITZAR LA CREMÀ:

D.N.I. _____   TEL _____

SIGNAT. _____   SIGNATURA

TIPUS DE CREMÀ:

☐ **Restos procedents de podes**
☐ **Restos procedents de netejes manuals**
☐ **Cremà de margens, cunetes, acequies**
☐ **Restos de jardineria**
☐ **Pirotècnia**

Carrer Rossa Esrng, 6 • 03850 BENIARRÉS • Tel. 96 551 50 59 • Fax 96 551 50 68 • E-mail beniarres@gva.es

---

QUEMAS AGRÍCOLAS:

1. RESTOS DE PODAS:

HORARIO:
- de 7h a 17h: **NOVEMBRE, DESEMBRE, GENER I FEBRER** *tots els dies de la setmana*
- de 7h a 13h: **MARÇ I ABRIL** *tots els dies de la setmana*
- de 7h a 11h: **MAIG, JUNY I OCTUBRE** *dijous, divendres i dissabte*

No se puede abandonar el fuego mientras esté encendido.
No se puede quemar cuando el viento sea de más de 10 kms / hora.
Prohibido quemar en JULIO, AGOSTO, SEPTIEMBRE Y SEMANA SANTA.

2. QUEMA DE MÁRGENES, CUNETAS, ACEQUIAS Y RASTROJERAS:

HORARIO:
- De 7h a 11h *jueves, viernes y sábado.*

↳Los extremos de márgenes, cunetas o acequias así como cualquier punto de continuidad de combustión que se pudiera prender, deberán de limpiarse previamente y a mano con una anchura mínima de 10 metros.

↱ No se puede abandonar el fuego mientras esté encendido.
↱ No se puede quemar cuando el viento sea de más de 10 kms/ hora.
↱ Prohibido hacer fuego en terrenos a menos de 50 metros del monte.
Prohibido quemar en JULIO, AGOSTO, SEPTIEMBRE Y SEMANA SANTA.

DE ESTE PLAN QUEDA EXENTO EL CASCO URBANO.

AJUNTAMENT DE COCENTAINA

COMUNICACIÓ D'ACTIVITATS EN QUÈ ES FA ÚS DEL FOC REGULADA EN EL PLA LOCAL DE CREMES DE COCENTAINA[1] (BOP núm. 132 d'11 de juny de 2002)

Dades de la persona que sol·licita la crema:	En representació de:
Nom:	Nom:
Cognoms:	Cognoms:
DNI:	DNI:
Telèfon:	Telèfon:

Dades de la crema:
Nom de la finca on es realitza la crema :
Partida:
Propietari de la finca:
Dies de la crema:

Tipus de crema (marqueu amb una X el que correspongui):
[ ] Restes procedents de podes
[ ] Restes procedents de neteges manuals
[ ] Crema de marges, cunetes, séquies i rostoll
[ ] Restes de jardineria
[ ] Pirotècnia

Signatura,   Signatura de la persona a la qual representa:

Cocentaina, ... d.................. de 20....   Cocentaina, ... d.................. de 20....

[1] Nota informativa:
El Pla Local de Cremes es va publicar en el BOP número 132, d'11 de juny de 2002, i se'n pot recollir una còpia al Registre de l'Ajuntament

Important: es pot consultar el resum dels horaris i dies de les cremes en el dors d'aquesta sol·licitud.

Anexo 3 Modelo Autorización de quema. Instrucciones Actividad C. Cocentaina

RESUM DEL PLA LOCAL DE CREMES DE COCENTAINA

Activitat	Mesos i horaris	Mesos i horaris	Mesos i horaris	Normes generals
Restes de podes agrícoles	Novembre, desembre, gener i febrer Tots els dies de 7:00 a 17:00	Març i abril Tots els dies de 7:00 a 13:00 hores	Maig, juny i octubre Dijous, divendres i dissabtes, només de matí, de 7:00 a 11:00	Les cremes s'han de fer en cremats de formigó o enmig del bancal. L'altura de la flama no ha de sobrepassar el 2 m d'altura No es pot abandonar el foc mentrestant hi haja brases Cal tindre a mà una motxilla d'aigua de 20 litres com a mínim i de 300 litres quan es tracte de restes de jardineria
Restes de neteges manuals de cunetes, séquies i màrgens		Prohibit cremar del Dimecres Sant al dimarts de la setmana següent		Està prohibit cremar amb vent de més de 10 km/h.
Restes de jardineria				
Crema directa de cunetes, rostolls, màrgens i séquies	Està prohibit cremar en els mesos de juliol, agost i setembre			El bancal superior i inferior han d'estar llaurats Els extrems dels màrgens, cunetes o séquies han de tindre 10 metres nets manualment Les cremes s'han de fer contra el vent i des de la part superior del marge. S'ha de tindre una motxilla d'aigua de 20 litres mínim. Està prohibit cremar amb vent de més de 10 km/h.
		Dijous, divendres i dissabtes de matí, de 7:00 a 11:00 hores, durant tot l'any, llevat de juliol, agost i setembre, i del Dimecres Santa al dimarts de la setmana següent	Està prohibida aquesta activitat si es realitza a menys de 50 metres de terreny forestal	
Cremes forestals, ramaderes o cinegètiques	Es podran realitzar durant tot l'any amb el permís de la Conselleria de Medi Ambient, excepte els mesos de juny, juliol, agost i setembre, i del Dimecres Sent al dimarts de la setmana següent			
Fogueres en àrees d'acampada i recreatives	Tots els dies de l'any, als paellers o construccions habilitades per a aquesta finalitat. Excepte en alerta 3			
Pirotècnia (fogueres tradicionals, focs d'artifici, cordaes, tragues, etc.	Solament es podran realitzar amb l'autorització expressa de l'Ajuntament. Quan és focs artificials sigen d'una especial rellevància, l'Ajuntament ha de disposar d'un equip d'extinció a la zona de caiguda de canyes, formada, com a mínim, per un cotxe motobomba i una brigada			

Altres qüestions d'interès:

És necessita permís de la Conselleria de Medi Ambient per a les activitats següents:

- Emmagatzematge, transport o utilització de material inflamable o explosiu.
- Operacions de destil·lació de plantes aromàtiques.
- Utilització de grups electrògens, motors, esquits elèctrics o d'explosió, aparells de soldadura, etc.
- Acumulació i emmagatzematge de llenya, fusta de qualsevol tipus, tant agrícola com forestal

AJUNTAMENT DE LA VILA DE PLANES

COMUNICACIÓ D'ACTIVITAT EN LA QUAL ES FA ÚS DEL FOC REGULADA EN EL PLA LOCAL DE CREMES DE PLANES (1909/1997)

VÀLID PER A 30 DIES

DADES DEL SOL·LICITANT

Cognoms :		Nom :
N.I.F.:	Adreça:	
C. Postal :	Població:	Telèfon:

LOCALITZACIÓ DE L'ACTIVITAT

Nom de les partides en les quals es realitzarà la crema:

FREIGNALS, RACÓ I CALVARI.

Propietari de la Finca:
EL SOL·LICITANT

DADES DE LA PERSONA QUE REALITZARÀ LA CREMA

Cognoms: EL SOL·LICITANT		Nom:
N.I.F.:	Adreça :	
C. Postal:	Població:	Telèfon:

TIPUS DE CREMA

Restes de podes ☐ Restes de neteja manuals ☐ Crema de marges, cunetes, séquies i rostolls

CONFORMITAT   Planes, 18 de maig de 2006.

Data: 18 DE MAIG DE 2006   EL SOL·LICITANT

TEXTO B.O.P.14 19-01-98

5. PROPOSTA DE REGULACIÓ.

Conforme s'ha descrit en el punt tres, al Terme Municipal de Planes, el foc s'utilitza en diverses activitats, per tant passem a descriure com es regularia l'ús del foc en cadascuna de les activitats.

5.a) Cremes agrícoles.

5.a.1) Restes procedents de podes:

Es podran realitzar cremes tots els dies de la setmana

Es prohibeixen per tant, les cremes els mesos de juliol, agost i setembre i en Setmana Santa, entenent com a tal dos de diumences sant fins el dimarts de la setmana següent.

Les cremes es realitzaran sempre dins l'horari i compr‎ès entre les set del matí com a màxim fins les cinc de la vesprada, durant els mesos de novembre, desembre, gener i febrer.

Durant els mesos següents, març i abril, es restringeix fins les tretze hores.

Durant els mesos de maig, juny i octubre, s'establirà un horari mínim des de les set fins les onze del matí, no podent realitzar mes cremes a partir de l'horari assenyalat, ja que s'entendrà com a final de les masques, de manera que a partir d'aquesta hora no existeixca cap expulsió de fums a l'atmosfera.

Normes per a aquest tipus de cremes:

1.- Es realitzaran les cremes en cremadors de formigó construïts per a tal finalitat, o bé, en cas de no disposar dels mateixos, la crema es farà al mig del bancal.

2.- En qualsevol cas, la distància mínima entre la foguera i els marges, cunetes, o qualsevol altra formació en la qual hi haja continuïtat en la vegetació susceptible de poder-se cremar, serà de 30 metres.

3.- L'altura de flama no ha de superar els 4 metres.

4.- No es podrà abandonar el foc mentre s'estiga realitzant la combustió, podent allunyar-se quan s'hagen extingit totes les brases.

5.- Caldrà posseir una motxila extintora (motxila per a fumigació) de 20 litres de capacitat com a mínim.

6.- No es podran realitzar cremes els dies en els quals la velocitat del vent siga major de 10 km/h.

5.a.2) Restes procedents de netejes manuals fetes en cunetes, séquies i marges.

En aquest punt seran d'aplicació els mateixos conceptes que en l'anterior (ap.5.a.1), perquè es tracta del mateix tipus de crema, és a dir, són restes vegetals col·locats en munt‎ons per tal d'eliminar-los mitjançant el foc.

5.a.3) Crema de marges, cunetes, séquies i rostolls.

Aquest tipus de cremes és el més perillós, ja que poden escampar-se cap a la serra amb major facilitat.

Es podrà realitzar aquest tipus de cremes únicament tres dies a la setmana, dijous, divendres i dissabte. Es prohibeixen les cremes els mesos de juliol, agost i setembre i en Setmana Santa, entenent com a tal des del dimecres sant fins el dimarts de la setmana següent.

Es prohibeix totalment realitzar aquest tipus de cremes en terrenys situats a menys de 50 metres de distància de la forest, havent-se de realitzar primer la neteja manual per a després cremar.

Normes per a aquest tipus de cremes:

1.- No es podrà abandonar el foc mentre s'estiga realitzant la combustió, podent allunyar-se quan s'hagen extingit totes les brases.

2.- Els bancals (superior i inferior) que definei‎xen el marge a cremar, hauran d'estar perfectament nets, sense possibilitat de continuïtat del foc per cap costat. En el cas de séquies ens referirem als bancals que els delimiten. En el cas de cunetes, el camí corresponent i el bancal superior. En el cas de rostolls, ens referirem a la totalitat dels bancals que rodegen la zona a cremar.

3.- Els extrems dels marges, cunetes o séquies, a‎ixí com qualsevol altre punt amb continuïtat de combustible que es pugu‎era encendre, es tindran que netejar prèviament ‎i a ma, amb una amplaria mínima de 10m.

4.- S'iniciarà la crema contra el vent, mai a favor de la direcció del vent, i des de la part superior del marge.

5.- Qui realitze la crema haurà de proveïr-se d'una motxila extintora de 20 l. com a mínim, per si hi haguera que realitzar cap actuació d'extinció d'un focus inicial.

6.- No es podrà realitzar cremes els dies en els quals la velocitat del vent siga major de 10 km/h.

5.b) Cremes forestals, ramaderes o cinegètiques.

Les cremes que es realitzen dins la forest, amb origen de tractaments forestals, per a pastura del ramat o per a l'activitat cinegètica, si necessitaran permís, per tant, no vol sols la comunicació.

El permís se sol·licitarà a la Conselleria d'Agricultura i Medi Ambient, o aquí tinga les competencies en matèria de prevenció d'incendis, mitjançant imprès oficial, el qual serà facilitat en l'Ajuntament i tramès per l'agent forestal o a qui tinga competencia en eixe moment.

Anexo 5 Modelo Autorización de quema. Instrucciones Actividad E. Quatretondeta

COMUNICACIÓN DE ACTIVIDAD EN LA QUE SE HACE USO DEL FUEGO REGULADA EN EL PLAN LOCAL DE QUEMAS DE QUATRETONDETA

➢ Nombre de la finca donde se realizará la quema:

➢ Partida:

➢ Propietario de la finca:

➢ Nombre de la persona que realizará la quema.

D.N.I. _____ Telf. _____

Tipo de Quema:

— Restos procedentes de podas.
— Restos procedentes de limpiezas.
— Quema de márgenes, cunetas, acequias y rastrojeras.
— Restos de jardinería.
— Pirotecnia.

FIRMA:

Fdo:

PERIODO AUTORIZADO DE QUEMA: DESDE EL DÍA _____ AL DÍA _____

ANUNCIO RELATIVO A LAS PRINCIPALES CARACTERÍSTICAS DEL «PLAN DE QUEMAS DE QUATRETONDETA»

◆ Solicitudes: Se tramitará en el Ayuntamiento a través del impreso destinado a tal fin.

◆ Acciones que requieren fuego: Se prohíbe la utilización del fuego (calentarse, alumbrar, cocinar...) durante todo el año excepto en los pasilleros o construcciones habilitadas para éste fin, tanto para los visitantes de los montes como para los cazadores, siempre que en ese día no esté prohibido por el Centro Meteorológico Zonal de Valencia.

No se podrán realizar barbacoas ni siquiera en los utensilios que se venden en los mercados, ya que no reúnen las suficientes garantías para el bosque.

◆ Días de quemas: Para los trabajadores de agricultura, ganadería y trabajos forestales:

Todos los días excepto los meses de Mayo, Junio y Octubre que solo se podrá quemar los jueves, viernes y sábados.

◆ Fechas y horarios de quemas:

Fechas:

Los meses de Noviembre, Diciembre, Enero y Febrero.

Los meses de Marzo, Abril (Excepto desde el jueves santo hasta el lunes de pascua proh.)

Los meses de Mayo, Junio y Octubre.

Horarios:

Todos los días desde las 7 de la mañana hasta las 17'00 horas.

Todos los días desde las 7 de la mañana hasta las 13'00 horas.

Solo se podrá quemar los jueves, Viernes y Sábados desde las 7 de la mañana hasta las 11'00 horas.

◆ Precauciones:

No abandonar el fuego mientras se está realizando la combustión. Realizar la quema dentro de un hoyo metálico.

El Texto íntegro del resultado «Plan de Quemas» se encuentra expuesto en el tablón de anuncios del Ayuntamiento.

Anexo 6 Modelo Autorización de quema. Instrucciones Actividad F. Generalitat

Anexo 7 Modelo Autorización de quema. Instrucciones Actividad G. Benasau

AJUNTAMENT DE BENASAU
Carrer Major, 45.
03814 - BENASAU
Telf. 965 51 31 23
Fax 965 51 30 34

COMUNICACIÓN DE
ACTIVIDAD EN LA QUE SE HACE USO DEL FUEGO
REGULADA EN EL PLAN LOCAL DE QUEMAS
DE BENASAU

Nombre de la finca donde se realizará la quema:

Partida:

Propietario de la finca:

Nombre de la persona que realizará la quema:

D.N.I. _____ Tel. _____

Fecha: Mes de JUNIO - 2006. Horarios: de 7 a 11 horas.
DIAS AUTORIZADOS: JUEVES, VIERNES Y SABADO

«TIPOS DE QUEMAS»

☐ Restos procedentes de podas.

☐ Restos provedentes de limpiezas manuales.

☐ Quema de márgenes, cunetas, acequias y rastrojeras.

☐ Restos de jardinería.

☐ Protección.

Firma :

(Sello de Entrada
del Ayuntamiento).

Fdo _____

RESUMEN POR MESES
PARA REALIZAR
LAS QUEMAS AGRÍCOLAS.

NOVIEMBRE-DICIEMBRE-ENERO-FEBRERO
TODOS LOS DIAS DE LA SEMANA.
HORARIO: DE 7 A 17 HORAS.

MARZO-ABRIL
TODOS LOS DIAS DE LA SEMANA.
HORARIO: DE 7 A 13 HORAS.

MAYO-JUNIO-OCTUBRE
JUEVES, VIERNES Y SÁBADO.
HORARIO: DE 7 A 11 HORAS.

ESTÁ PROHIBIDO QUEMAR :
MESES DE JULIO-AGOSTO-SEPTIEMBRE.
SEMANA SANTA (Desde Miércoles hasta el Martes).
DECLARACIÓN DE GRADO DE ALERTA-3, o
MÁXIMA ALERTA (por parte de la Consellería de
Agricultura y Medio Ambiente).

67

Anexo 8 Modelo Autorización de quema. Instrucciones Actividad H. LLosa de Ranes

www.ingramcontent.com/pod-product-compliance
Lightning Source LLC
LaVergne TN
LVHW042346060326
832902LV00006B/426